11-QR

Questions humaines
Réponses Angéliques

APY

Catalogage avant publication de Bibliothèque et Archives nationales du Québec et Bibliothèque et Archives Canada

Flansberry, Joane, 1960-
    Questions humaines, réponses angéliques : tout ce que vous avez toujours voulu demander aux anges-
    ISBN 978-2-89436-280-8
    1. Anges. I. Titre.
BL477.F522 2010   202'.15   C2010-942192-2

Nous reconnaissons l'aide financière du gouvernement du Canada par l'entremise du Programme d'aide au développement de l'édition (PADIÉ) pour nos activités d'édition.

Nous remercions la Société de développement des entreprises culturelles du Québec (SODEC) pour son appui à notre programme de publication.

Infographie de la couverture : Marjorie Patry
Mise en pages : Marjorie Patry
Correction et révision linguistique : Amélie Lapierre

Éditeur : Les Éditions Le Dauphin Blanc inc.
            825, boulevard Lebourgneuf, local 125
            Québec (Québec) G2J 0B9 CANADA
            Tél. : 418 845-4045 Téléc. : 418 845-1933
            Courriel : dauphin@mediom.qc.ca
            Site Web : www.dauphinblanc.com

ISBN : 978-2-89436-280-8

Dépôt légal : 4ᵉ trimestre 2010
                Bibliothèque nationale du Québec
                Bibliothèque nationale du Canada

Imprimé au Canada

Limites de responsabilité

L'auteure et l'éditeur ne revendiquent ni ne garantissent l'exactitude, le caractère applicable et approprié ou l'exhaustivité du contenu de ce programme. Ils déclinent toute responsabilité, expresse ou implicite, quelle qu'elle soit.

Joane Flansberry

Questions humaines
Réponses Angéliques

Le Dauphin Blanc

Je dédie ce livre à Nathalie Tessier,

ma sœur cosmique, mon Ange terrestre,

une femme au cœur d'or qui aide toujours son prochain.

Elle donne de son temps sans jamais refuser quoi que ce soit.

Je dédie également ce livre à Jacques Madore,

un pilier dans l'organisation de ma boutique.

Cet homme m'apporte un soutien constant.

Il est toujours prêt à rendre service.

Que les Anges vous rendent grâce pour l'éternité

et qu'ils vous donnent la paix d'esprit

que vous m'offrez en étant dans ma vie!

Table des matières

Partie III

La Terre... 143

Partie IV

Autres questions 157

Partie V

Questions concernant « La Bible des Anges » 169

Remerciements

ette fois-ci, les remerciements s'adressent à vous, chers lecteurs. Puissiez-vous me suivre encore longtemps dans cette magnifique aventure! Que les Anges vous guident au-delà de vos espérances. Je me répète peut-être, mais votre enthousiasme à vouloir en apprendre davantage au sujet des Anges et de leur univers me réjouit grandement. Vos questions viennent confirmer la vocation qui m'anime depuis si longtemps et qui est devenue, au fil des ans, ma mission de vie. Merci! Merci! Merci!

Je désire également remercier tous les membres de ma famille que je porte au plus profond de mon cœur ainsi que tous les amis qui m'apportent un soutien inconditionnel sans même que j'en fasse la demande. À vous tous, que Dieu et ses Anges vous bénissent mille fois!

Introduction

Depuis la parution de mon premier livre, « La Bible des Anges », vous avez été nombreux à m'envoyer des questions par courriel au sujet des Anges ou du monde qui nous entoure. Certains d'entre vous m'ont même envoyé des lettres ou sont venus en personne à ma boutique, « Le jardin des Anges », pour me demander diverses informations. Devant ce flot continu de questions, j'ai donc décidé de vous offrir un livre contenant plusieurs réponses.

Après avoir passé au peigne fin vos interrogations, j'ai conservé celles qui revenaient fréquemment ainsi que celles que je croyais les plus pertinentes. Je les ai ensuite regroupées sous divers thèmes. Dans cet ouvrage, vous trouverez donc des questions que vous m'avez posées et les réponses que les Anges ont données.

À travers mon corps, les Anges ont répondu aux questions lorsque j'étais en canalisation profonde. Un groupe de personnes en qui j'ai confiance ont posé toutes les questions choisies lors d'une séance enregistrée. Par la suite, j'ai transcrit à l'ordinateur les réponses données en reformulant certaines phrases afin qu'elles soient plus compréhensibles.

PARTIE I

L'univers des Anges

Chapitre I

Caractéristiques

Plus nous, les humains, évoluons, plus nous cherchons à comprendre l'univers des Anges. Plusieurs humains se demandent si ces Êtres existent vraiment. D'autres ont eu le privilège de les voir et de les entendre. Certains ont reçu une guérison de leur part. Il y a donc des miracles qui se sont produits lors de prières. Mais qui sont les Anges et les Archanges? Et pourquoi devons-nous les prier?

Les questions qui suivent vous permettront de mieux connaître les Êtres de Lumière. À travers leurs réponses, vous réaliserez rapidement que ces magnifiques Anges travaillent pour le bien de l'humanité. Ces Êtres d'une incommensurable beauté et d'une grande gentillesse se sont fait un devoir de répondre à nos questions humaines.

Qui êtes-vous?

Nous sommes la création de Dieu. Dieu nous a créés à son image. Chacun de nous possède son énergie, sa force et sa lumière. Toutefois, chacun de nous possède également une force particulière que Dieu nous a léguée afin que nous puissions bien accomplir notre mission envers l'humain. Lorsque nous sommes tous réunis, nous formons un Tout. Ce Tout représente Dieu dans toute sa splendeur.

Afin de mieux nous décrire, nous vous dirons que nous sommes votre lumière lorsque vous êtes égaré. Nous sommes votre force lorsque vous êtes atterré. Nous sommes votre foi lorsque vous êtes désespéré. Nous sommes votre guide lorsque vous êtes perdu. Nous sommes votre énergie lorsque vous êtes épuisé. Nous sommes votre courage lorsque vous êtes apeuré.

Maintenant que vous êtes conscient de qui nous sommes et de notre mission, priez-nous et vous verrez des changements se produire dans votre vie. De plus, vous serez en mesure de prendre votre vie en main, de régler tout ce qui doit être réglé et de réussir tout ce que vous entreprendrez. Telle sera votre force, telle sera notre mission envers vous.

Justement, quelle est donc votre mission?

Vous êtes, cher enfant, notre mission. Notre mission est de vous guider vers le chemin du bonheur et de la paix intérieure. Vous voir grandir et vous voir heureux est ce qu'il y a de plus cher à nos yeux d'Anges. Notre humble désir est de vous voir réussir votre vie terrestre sans qu'il y ait trop d'embûches sur votre route. Nous savons que la vie humaine n'est pas toujours facile à vivre, que plusieurs humains sont malheureux et qu'ils détestent leur venue sur Terre. C'est pourquoi nous disons à ces êtres de nous prier et d'avoir foi en la vie.

Lorsque vous êtes descendu sur Terre, vous êtes venu avec un bagage de connaissances important pour l'accomplissement de votre vie terrestre. Ce bagage vous permet de bien réussir le plan de vie que vous êtes venu accomplir. Chaque humain vient au monde avec un plan de vie à réussir. Votre Ange personnel ainsi que l'Ange de Lumière ont ce plan en main. Ces Êtres ont comme mission de vous guider vers les chemins qui vous permettent de bien accomplir ce plan de vie.

La meilleure façon pour eux de vous guider, c'est en vous envoyant des signes concrets pour qu'il vous soit facile de comprendre les événements et de prendre vos décisions. Ils éveillent en vous vos « ressentis » pour vous permettre d'être à l'écoute de cette voix intérieure qui vous parle. Lorsque tous vos sens sont en éveil, il est beaucoup plus facile de voir ce qui se passe autour de vous et de prendre les décisions qui s'imposent à ce moment-là.

Dans ce cas-là, pouvons-nous dire que devant un choix à faire ou une décision à prendre, la première idée est la meilleure? Cette première idée est-elle une suggestion ou une recommandation de notre Ange gardien transmise par nos ressentis?

Lorsque vient une idée, un sentiment à l'intérieur de vous, votre Ange vous envoie par votre intuition, par votre sentiment, l'idée. Il est important de suivre la voix de votre cœur, de votre idée, puisqu'elle est émise par votre Ange personnel et dans la décision. Si vous prenez cette décision, il est rare que vous vous trompiez, que vous soyez déçu, puisque la première idée, la première décision, a été envoyée par votre Ange. Il a répondu à votre appel. Il a réveillé le ressenti en vous l'envoyant sous forme d'intuition.

De plus, nous vous parlons à travers votre sommeil. Nous vous envoyons des symboles et des sentiments de déjà vu. Nous vous donnons des informations utiles lorsqu'une décision doit être prise. Nous vous donnons une énergie, une force lorsque vous êtes épuisé. Tout cela peut se produire à travers votre sommeil. C'est la raison pour laquelle plusieurs humains se réveillent le matin avec la tête remplie d'idées. Certains se réveillent en étant conscients de la décision qu'ils prendront. D'autres se réveillent en étant en pleine forme pour entamer leur nouvelle journée.

Sachez qu'il nous est beaucoup plus facile de communiquer avec l'humain lorsque celui-ci est en état de relaxation. Le meilleur moment est lorsque l'humain entre dans un sommeil profond ou lors d'une profonde méditation. *Ces deux états de relaxation nous permettent de mieux entrer en contact avec son âme et de lui fournir toutes les informations pertinentes dont il a besoin pour bien accomplir sa journée et sa semaine.*

Puis, nous utilisons tous les signes possibles pour vous prévenir d'un danger, d'une possibilité, d'un chemin à prendre, d'une personne à éviter. Toutefois, l'humain n'est pas toujours à l'écoute de ces signes. Nous lui envoyons donc des émotions fortes lors de son sommeil qui l'aideront à mieux prendre une décision ou à mieux s'éloigner d'un danger.

L'humain qui est à l'écoute de nos signes et qui prend en considération les alarmes de ses ressentis évitera plusieurs ennuis. Il sera en mesure de bien diriger sa vie et de surmonter ses épreuves. Lorsqu'un événement surviendra, sans hésiter, il sera apte à prendre les décisions qui s'imposent à ce moment-là. Il sera également apte à reconnaître les belles propositions et à les accepter. Il dirigera donc bien sa vie. La confiance régnera en maître chez lui, ce qui lui apportera de belles satisfactions dans tout ce qu'il entreprendra ou décidera.

Lorsque nous rêvons aux Anges, est-ce une indication qu'ils sont venus nous visiter pendant notre sommeil?

Sachez, cher enfant, que vous ne rêvez point. Vous entrez plutôt dans notre monde angélique. Il est beaucoup plus facile pour nous de converser avec vous lors de votre sommeil. Nous en profitons pour vous enseigner et pour vous donner des renseignements utiles afin que vous puissiez mieux accomplir vos journées et votre plan de vie. Lorsque vous venez vers nous durant le sommeil, vous vous levez le lendemain avec la tête remplie d'idées et de solutions. N'oubliez pas que vous êtes à l'école de la vie et que nous sommes vos professeurs!

Ces signes dont vous parlez sont-ils les mêmes que ceux qui figurent dans le livre *Les Anges au Quotidien*?

Effectivement, puisque nous avons fait part de nos signes à notre messagère. Vous les retrouverez dans ses écrits. Nous avons choisi ces signes parce qu'ils se rapprochent de l'humain. Ils sont simples et n'effraient pas l'humain. Si vous le désirez, nous pouvons aussi vous faire d'autres signes concrets. Il suffit de nous demander le signe que vous aimeriez recevoir. Toutefois, si nous nous apercevons que vous êtes apeuré par la venue de ce signe, nous ne le ferons point. Il serait important pour vous à ce moment-là de consulter les écrits de notre messagère qui vous éclaireront sur les signes que nous manifestons à l'humain lorsque nous venons à lui.

Puisque nous parlons de signes, y a-t-il une signification lorsque nous brisons littéralement un objet qui représente un Ange?

Nous, les Êtres de Lumière, sommes très conscients que tous les objets qui nous représentent occupent une place importante dans votre vie. Lorsque vous vous « procurez » un Ange, vous cherchez à ce que celui-ci vous protège et qu'il protège tous les occupants de votre demeure. C'est la raison pour laquelle votre Ange personnel et tous les Anges qui vous accompagnent se font un devoir de purifier votre objet afin qu'il vous apporte la protection désirée.

Ainsi, lorsque survient une épreuve dans votre vie ou lors d'un moment difficile, afin de vous faire comprendre que nous sommes avec vous et que nous vous soutenons dans votre épreuve, nous nous organisons parfois pour que votre Ange (objet) se brise. C'est une façon concrète de vous faire comprendre que nous avons pris votre problème sous nos ailes. Par exemple, si la tête de votre Ange se brise, sachez que nous vous enlevons un tracas. Si ce sont les ailes, cela vous indique que nous enlevons un fardeau de vos épaules. Si l'un ou les bras et si l'une ou les jambes se brisent, cela vous indique que nous vous libérons de ce qui vous retient prisonnier et de ce qui vous empêche d'avancer. Si votre Ange se brise en plusieurs morceaux, cela indique qu'il y a plusieurs événements qui vous tracassent. Notre mission sera de vous en libérer et de vous conduire vers le chemin de la sérénité et de l'équilibre. Si vous avez des problèmes de santé et que votre Ange se brise, cela vous indique que nous prenons soin de votre santé. Souvent, la partie de l'objet que vous brisez est la partie du corps que vous avez besoin de guérir.

Grâce à cette information, les Anges ont certainement rassuré plusieurs personnes qui étaient effrayées lorsqu'un Ange (objet) se brisait! Nombre d'entre elles croyaient qu'il s'agissait d'un mauvais signe!

De même, certains individus sont apeurés lorsqu'un oiseau heurte leur fenêtre ou leur voiture. Cela empêche même quelques-uns d'entre eux de dormir ou de fonctionner à cause du tracas relié à ce signe. En ce sens, une question a donc été posée aux Anges.

Est-ce un signe de malédiction lorsqu'un oiseau heurte notre fenêtre?

L'humain se tracasse souvent pour des chimères! Évidemment, nous vous taquinons. Nous sommes conscients que ce signe dérange plusieurs humains. Ce genre d'incident ne devrait pas effrayer l'humain. D'ailleurs, vous-même avez parfois de petits accidents lorsque vous ne regardez pas devant vous!

Toutefois, depuis plusieurs siècles, l'humain associe la mort d'un oiseau à l'annonce d'un décès dans la famille? Ce lien est-il juste?

Ce sont les croyances de l'humain et non celles des Anges!

Alors, cela signifie que nous n'avons pas en nous en faire si un oiseau heurte notre fenêtre ou notre voiture?

Non, cher enfant, vous n'avez pas à vous en faire.

En est-il de même lorsqu'un chat noir passe devant la voiture? Est-ce que cela nous prédit une malédiction ou un accident?

L'humain a une imagination très fertile. Il aime se créer des peurs inutiles! Il n'y a aucun signe de malédiction lorsqu'un chat noir passe devant votre voiture. Le seul signe plausible à cette situation, c'est de ralentir votre vitesse!

Plusieurs humains pensent que briser un miroir signifie sept ans de malheur. Qu'en pensez-vous ?

Notre philosophie est toujours la même. L'humain se préoccupe trop de ces légendes temporelles. Il y met tellement d'énergie négative, qu'inconsciemment, il peut provoquer certaines situations. Voilà le danger des émotions négatives, le danger de l'Ombre. Si vous nourrissez vos peurs, il y a de fortes chances que celles-ci vous envahissent et qu'elles nuisent à votre vie.

Alors, si nous passons sous une échelle, il n'y a aucun malheur ni aucune malédiction à prévoir?

Votre imagination est trop fertile! Arrêtez de vous tracasser. Si un événement vous tracasse, demandez aux Anges d'éloigner cette peur de vous.

Ces réponses vont en soulager plusieurs! Il est vrai que les êtres humains s'en font souvent avec des situations peu importantes. Ils peuvent même s'en rendre malades. Les histoires de nos grands-mères nous hantent toujours. Il est vrai que dans ces époques anciennes, les gens vivaient dans la peur. Les religions ont favorisé cette situation. Elles tenaient les gens dans la peur. Bien des histoires inventées ont traversé le temps et dérangent les gens encore aujourd'hui. Il serait temps de faire cesser ces peurs et de les chasser pour que les enfants d'aujourd'hui puissent grandir dans la confiance et non dans la peur.

Les informations qui précèdent nous montrent sans ambiguïté que les Anges utilisent plusieurs situations pour nous faire signe et nous aider lors de moments difficiles. Il serait sage pour l'humain d'être à l'écoute des signes et surtout de ses ressentis. Ainsi, il sera en mesure de prendre sa vie en main. De plus, il serait sage pour l'humain de se libérer des histoires d'époques.

Une question revient souvent nous hanter en ce qui concerne la couleur de la peau des Anges. D'ailleurs, plusieurs peintres ont dessiné des images représentant les Archanges Gabriel, Raphaël et Michaël. Nous nous demandons souvent laquelle de ces icônes est la plus représentative.

Lorsque nous voulons prier un Ange ou un Archange en particulier, nous aimons parfois voir l'image qui représente l'Ange prié. Comme il y a des milliers d'images peintes, nous nous demandons laquelle est la meilleure. Les questions suivantes nous donneront un aperçu de l'image réelle des Anges.

Les personnes qui assistaient à la période de questions au sujet de l'image réelle des Anges et de leur mode de vie ont eu le privilège d'entendre l'Ange Anauël leur donner des signes concrets. D'abord, le téléphone s'est mis à sonner. Ensuite, un bruit sourd et inconnu s'est fait entendre dans la pièce. Puis, un intense parfum floral est venu inonder la pièce. Pour les gens présents, ce fut un moment extraordinaire cars ils ont reçu un signe concret des Anges.

Pouvez-vous nous décrire l'aspect physique des Anges, par exemple la couleur de leur peau, de leurs yeux, de leurs cheveux? Et pourquoi ne nous apparaissent-ils pas pour qu'on puise mieux voir qui ils sont?

Quand vous viendrez vers nous, vous verrez qui nous sommes. Nous sommes Lumières, nous sommes vibrations. Nous émanons et nous rayonnons d'étincelles d'or, d'énergie et d'amour. Lorsque vous êtes parmi nous, vous êtes en extase devant notre infinie bonté et notre beauté. Il en est de même pour nous lorsque nous sommes en contact avec vous. Cher enfant, nous vous adorons. Vous êtes notre enfant que nous chérissons précieusement en tout temps.

Nous possédons des couleurs vibratoires, et si vous lisez les écrits de notre messagère, vous aurez le privilège de voir qui nous sommes et la façon dont nous aimerions être perçus. Nous souhaitons être perçus par la vibration de notre mission. Il y a des Anges très taquins, comme l'Ange Anauël. Il adore faire sonner le téléphone. (La sonnerie du téléphone se fait entendre dans la pièce où se déroule la séance.) *Cet Ange est tout blanc immaculé et aime que vous l'enveloppiez de banderoles rouges. D'ailleurs, il en met lui-même sur son corps angélique pour taquiner l'humain.*

Alors, voyez-vous, nous sommes des Êtres de Lumière. Nous « émanons » la Lumière. Il est indescriptible de décrire de façon humaine qui nous sommes, mais nous sommes là, à vos côtés.

Lorsque nous venons vers l'humain, nous prenons une image importante à ses yeux, une image de douceur, une image dont il n'aura point peur. Nous pouvons aussi emprunter un corps humain, et nous l'illuminons. La couleur de notre peau est lumineuse ainsi que la couleur de nos yeux.

Voyez-vous, quand nous venons vers l'humain, nous l'examinons profondément. Nous apprenons à mieux connaître ses préférences et ses goûts. Ainsi, il nous est possible d'emprunter un corps, une forme ou une vibration qu'il aime. (Un bruit bizarre se produit dans la pièce où se déroule la séance et fait sursauter les gens. Après quelques secondes, l'Ange qui a emprunté le corps de la messagère réplique.) *Nous venons de vous faire signe. C'est l'Ange Anauël qui s'amuse à vous taquiner. Vous avez demandé si vous pouviez voir les Anges ou les entendre. Alors, nous venons de répondre à votre demande. Vous nous avez entendus!* (Une personne présente dans la pièce où a lieu la séance dit ceci : « C'est plaisant de vous entendre. » L'Ange réplique : *Votre cœur a dit le contraire. Il s'est mis à battre, à sursauter, comme vous, cher enfant.* L'Ange pointe une personne dans la pièce.) *Alors, imaginez-vous si nous vous apparaissons! Nous vous avons envoyé un seul bruit, nous avons fait sonner votre téléphone pour vous avertir que nous viendrons vers vous. Ensuite, nous vous avons envoyé un bruit et vous avez sursauté.* (Les personnes présentes dans la pièce sourient.) *Comment réagiriez-vous si vous nous voyiez dans notre vibration de Lumière? Soyez franc!* (Une personne présente dans la pièce dit : « J'ai eu le privilège de voir un Ange et j'ai été bien fière de le voir... ») *Effectivement, cher enfant, vous avez eu un privilège. Ce que nous voulons vous dire, c'est que nous pouvons venir vers l'humain lorsque celui-ci est apte à nous voir ou à nous entendre. Toutefois, nous ne pouvons pas aller vers tous les humains puisque certains seraient apeurés par notre présence, et nous ne voulons tellement pas les apeurer.*

(L'Ange s'adresse à l'une des personnes présentes dans la pièce où se déroule la séance.) *Vous, cher enfant, qui connaissez les Êtres de Lumière, vous qui nous avez étudiés, vous qui nous priez quotidiennement, vous qui nous aimez, vous avez sursauté lorsque l'Ange Anauël vous a fait signe. Alors, imaginez une personne qui ne connaît pas notre vibration. Comment réagira-t-elle à notre présence? Voilà votre réponse. Si nous ne venons pas à l'humain, c'est par respect pour lui. Nous respectons sa peur de l'inconnu. Nous respectons sa peur de la mort. Nous voulons que l'humain comprenne que nous ne voulons pas l'effrayer. Notre mission est de l'aider. Lorsque l'humain atténuera ses peurs, il nous sera beaucoup plus facile de nous manifester à lui. Toutefois, nous travaillons de concert avec notre messagère. Nous travaillons avec elle pour qu'elle puisse vous transmettre tous les signes que nous faisons lorsque nous venons vers l'humain. Ainsi, vous serez conscient que nous sommes toujours avec vous grâce aux signes que nous avons décrits.*

Vous pouvez retrouver ces signes dans *Les Anges au Quotidien*.

(Une personne présente dans la salle dit : « Tantôt, il y avait une grande odeur de parfum dans la salle et cette senteur est maintenant disparue…») *C'est une autre façon de vous faire comprendre notre présence. Nous venons parfois avec une odeur. Nous pouvons parfois emprunter le corps d'un animal. Voyez-vous, vous nous avez demandé de nous décrire physiquement. Voici la meilleure description de nous : nous sommes Lumières, nous sommes vibrations, nous sommes sources d'énergie, nous sommes odeurs, nous sommes humains, nous sommes formes, nous sommes amour, nous possédons plusieurs visages, nous sommes un Tout, et ce Tout représente Dieu dans toute sa splendeur.*

Nous sommes donc partout, et quand nous sommes près de vous, vous le savez puisque votre âme vous en avertit. Vous ressentez à l'intérieur de vous notre vibration. Votre cœur est envahi par une belle émotion remplie d'amour et de joie. Telle est notre vibration, telle est notre image!

Pourquoi les Anges ou les Archanges ont-ils une énergie de couleur, et quelle est la raison de chaque couleur?

Comme vous, cher humain, nous avons des goûts et des préférences. Nous vous imitons! Évidemment, nous vous taquinons. Toutefois, il est vrai que les Êtres de Lumière préfèrent certaines couleurs. C'est la raison pour laquelle ils les arborent lorsqu'ils viennent vers l'humain.

Pour nous, les couleurs représentent de belles énergies qu'il fait bon contempler. Cela dit, nous avons réalisé que certaines couleurs possèdent un effet bénéfique chez l'humain. De plus, nous avons remarqué que certaines couleurs sont représentatives chez l'humain. La plupart des humains associent la couleur rouge à l'amour, le vert à la santé et quelquefois à l'argent, le mauve à la spiritualité, le bleu à la force, le jaune à une journée ensoleillée et illuminée, le rose à l'amitié et le brun à la stabilité. Pour ce qui est du noir, la plupart des humains l'associent à l'Ombre, aux ténèbres.

Lorsque l'humain nous prie et qu'il nous demande de lui faire un signe, nous utilisons une couleur particulière pour mieux répondre à son signe. Nous ajoutons cette couleur à celle que nous aimons!

Nous allons vous donner un exemple humain. Si vous nous demandez ceci : « Est-ce que ma situation financière s'améliorera? Faites-moi un signe concret pour que je comprenne », il y a de fortes chances que tout au long de la semaine, vous verrez du vert partout! Ce sera notre signe.

Pourquoi plusieurs personnes voient-elles les Anges ou les Archanges de façon différente? De quelle façon pouvons-nous savoir si l'image de vous vous représente vraiment?

Une personne qui peint notre image avec les yeux de son cœur et qui a foi en notre mission perçoit qui nous sommes. Si vous êtes en extase devant l'image qui vous est offerte et que celle-ci vous fait frissonner à son regard, alors choisissez cette image. Il y a de fortes chances que cette image nous représente.

Pourquoi avons-nous tous une image différente des Anges?

Parce que chacun de vous est différent. Vous avez tous des goûts différents. Il est normal que vous nous voyiez différemment. N'oubliez pas que lorsque nous venons vers l'humain, nous empruntons une image qui lui plaît.

Cependant, sachez, cher enfant, que nous accordons peu d'importance à notre image. L'important est notre mission envers vous.

Après avoir pris connaissance des dernières réponses, nous réalisons que les Anges accordent peu d'importance à leur image. L'humain devrait-il suivre leur exemple?

Élucidons maintenant le mystère du Royaume des Anges.

Vous êtes-vous déjà demandé si les Anges avaient une demeure? Puis, comment font-ils pour être à mille et un endroits en même temps? Travaillent-ils constamment puisque, à notre époque, il y a plusieurs personnes qui réclament leur aide? Comment font-ils pour se reposer? Toutes ces questions viennent nous hanter lorsque nous nous mettons à penser à ces Êtres merveilleux. Voici donc les réponses des Anges par rapport à ces sujets.

Les Anges ont-ils une demeure pour se reposer?

Vous, cher humain, avez-vous une maison pour vous reposer? Nous vous taquinons! Effectivement, nous avons des maisons pour nous reposer. Ce sont des endroits magnifiques remplis de fleurs et d'oiseaux nous chantant de belles mélodies d'amour. Il y a aussi des animaux chaleureux cherchant nos caresses. Notre univers est en fait un lieu sacré où il fait bon vivre et contempler. Ce lieu nous ressource et nous remplit d'énergie, ce qui nous permet par la suite de vous l'infuser lorsque vous êtes fatigué et épuisé.

Le repos fait-il partie de vos besoins ou travaillez-vous constamment?

Comme l'humain, nous avons aussi le droit de nous reposer. Nous avons besoin de nous ressourcer puisque nous travaillons constamment.

Toutefois, nous prenons aussi des vacances. Nous vous taquinons. En fait, il y a de la relève. Les nouveaux Anges viennent nous aider. Nous formons une équipe. Lorsqu'un Ange doit se ressourcer, un autre prend la relève jusqu'à ce qu'il revienne.

Notez que nous sommes passionnés par notre mission envers vous. Quand l'humain accomplit son travail et qu'il en est passionné, il n'a pas besoin de beaucoup de repos. Sa passion le nourrit, elle nourrit son âme et lui donne toute l'énergie pour bien accomplir ses tâches. Il en est de même pour nous. Vous êtes notre passion, vous êtes notre adoration. Travailler avec et pour vous est le plus beau cadeau que Dieu nous a légué.

Les humains sont nos enfants chéris et, comme chaque parent, notre bonheur, c'est de les voir grandir, de les voir s'épanouir et de les voir réussir leur vie.

Dans notre royaume, il existe des havres de paix. Ces lieux nous permettent de nous reposer et de nous ressourcer. Lorsque nous revenons vers vous, nous sommes en pleine forme angélique pour vous venir en aide!

Plusieurs personnes aimeraient sûrement visiter ces lieux! Toutefois, les Anges nous y amènent lors de notre sommeil. Combien d'entre nous se réveillent le matin en se remémorant un endroit magique visité durant la nuit, un lieu paisible rempli de fleurs et de belle énergie? Certains aimeraient même retourner se coucher pour retrouver ce lieu! Si cela vous est déjà arrivé ou si cela vous arrive, sachez que vous visitez alors le lieu sacré des Anges.

Lorsque nous avons une demande à formuler, à qui devons-nous l'adresser pour que celle-ci puisse arriver à bon port? Tous ces Êtres illuminés ont-ils la même mission envers nous? Sinon, quelle est leur mission?

Donc, afin que nous choisissions plus facilement l'Être de Lumière à prier, pouvez-vous nous expliquer la différence entre un Ange personnel, un Ange gardien, un Ange de Lumière, un guide spirituel, un Archange et les maîtres ascensionnés?

Premièrement, il est important de noter que nous sommes tous des créations de Dieu et que nous travaillons tous pour la même cause. Notre mission est d'aider l'humain à bien diriger sa vie humaine. Notre puissante Lumière lui permet d'illuminer la force en lui, le courage et la détermination lorsque survient une épreuve sur son parcours de vie. Notre humble désir est de le voir heureux et en harmonie avec sa vie. Telle est notre mission envers lui.

Lorsque l'humain nous prie, nous sommes tous présents pour lui venir en aide, que ce soit lors d'une prière adressée à un guide, à un Ange, à un Archange ou à un défunt. L'Être prié fera équipe avec l'Ange personnel et tous ceux qui l'entourent. Tous travailleront pour vous venir en aide. Si vous adressez une prière à l'un de vos défunts, celui-ci se tournera immédiatement vers votre Ange personnel et lui demandera de vous venir en aide. Il en est de même pour le guide spirituel.

Si le sujet pour lequel vous réclamez de l'aide n'est pas dans la force ni dans l'énergie de votre Ange personnel, ce dernier ira chercher l'aide de ses confrères pour mieux vous aider. Nous travaillons tous en équipe, et ce, pour votre bien-être. Si, à cause de votre plan de vie, il nous est impossible de vous donner ce que vous nous réclamez, nous trouverons un substitut qui vous sera aussi bénéfique.

Nous ne laissons jamais tomber notre enfant. Vous laisser tomber serait faillir à notre mission. Comme nous chérissons Dieu et que nous le respectons et l'aimons inconditionnellement, si nous vous laissons tomber, ce serait comme si nous le laissions tomber. Notre grand respect et notre grande loyauté envers lui ne nous le permettent pas. Ce serait pour nous une peine insurmontable, soit celle de vous laisser tomber et celle de laisser tomber notre créateur qu'est Dieu.

Pour mieux vous décrire le rôle de chacun, sachez qu'un jour nous avons compris que, pour aider convenablement l'être humain, il fallait qu'un Ange s'occupe des étapes de son évolution et qu'un autre soit constamment posté à ses côtés pour bien le diriger et lui permettre d'accomplir son plan de vie.

Chaque être humain a donc un Ange gardien, aussi appelé « Ange de Lumière » ou « Ange de naissance », qui lui est attitré en fonction de sa date de naissance. Cet Ange a été créé par Dieu et travaille de concert avec votre Ange personnel. Sa mission est de « ramener » vos faiblesses en forces.

La raison pour laquelle vous êtes né à une date précise, c'est que l'Ange qui y est relié possède les meilleures qualités et les meilleures solutions pour que vous puissiez bien accomplir votre plan de vie. Votre plan de vie est donc rattaché à sa mission et il est le mieux placé pour vous venir en aide, puisqu'il a en main votre itinéraire. Cet Ange s'assure que vous accomplissiez bien ce plan établi avec la sphère spirituelle avant votre incarnation.

De plus, il s'assure que votre Ange personnel vous guide précieusement vers cet itinéraire que vous devez parcourir tout au long de votre vie terrestre. C'est la raison pour laquelle chaque être humain a son Ange personnel. Ce dernier est branché à l'énergie de l'Ange gardien. Il peut avoir un nom commun, comme il peut avoir un nom vibratoire, ou un nom de lumière, si vous préférez. Cet Ange personnel vous protège de la naissance à la mort et peut s'être incarné auparavant. Certains Anges personnels assument, à l'occasion, la fonction de guide spirituel principal, mais cela est exceptionnel. Sa première mission est d'être l'Ange personnel d'un humain, car il connaît les émotions de l'humain, ses faiblesses et ses forces. Son énergie sera branchée à l'Ange de Lumière, ou de naissance, de son humain.

Généralement, l'Ange personnel a jadis été un humain qui a franchi les neuf étapes de l'Arbre divin avec des mentions honorifiques et qui a décidé de ne plus revenir sur Terre pour mieux se consacrer à l'évolution de l'être humain en travaillant de concert avec le monde angélique.

La première mission qui lui sera donnée sera celle d'aider un humain dans son cheminement spirituel en l'amenant vers Dieu, vers l'univers des Anges. S'il réussit à inculquer à l'humain ses doctrines, l'amour, la paix, la prière, il recevra alors une décoration qui lui permettra de devenir un Ange de Lumière. En fait, plus l'humain priera les Anges, plus l'Ange personnel recevra la lumière des autres Anges. Et plus sa Lumière deviendra puissante, plus il deviendra lumineux et rayonnant et pourra, s'il le désire, devenir un Ange de Lumière et recevoir son couronnement, soit « une paire d'ailes » pour voler d'un humain à l'autre. Voilà la meilleure façon de récompenser votre Ange personnel de tous les bienfaits qu'il vous apporte. Il suffit de le prier.

Nous allons vous révéler un secret angélique. Sachez que vous avez, vous et votre Ange personnel, un rôle important à jouer dans la vie de chacun. Tous deux devez travailler à la réussite de votre plan de vie. Vous, sur le plan terrestre, et lui, sur le plan céleste. Si vous parvenez à former une belle équipe, vous serez honorés et décorés lors de votre arrivée à la maison de Dieu. Il serait aussi important de noter que votre Ange personnel peut avoir été quelqu'un de très important lors de vos vies humaines. Avant de vous incarner, vous avez communément accepté de travailler ensemble. Voilà l'importance de respecter votre Ange personnel puisqu'il a choisi de ne plus s'incarner afin de mieux vous aider à accomplir votre plan de vie.

Généralement, un Ange personnel ainsi qu'un guide spirituel sont des êtres qui ont jadis été humains. L'expérience qu'ils ont acquise durant leur séjour sur Terre leur permet d'aider adéquatement l'humain en ce qui concerne son plan de vie et sa quête spirituelle.

Toutefois, pour devenir un guide spirituel ou un Ange personnel, l'humain doit franchir les neuf niveaux de l'Arbre divin avec des mentions honorifiques. Lorsque celui-ci a franchi ces niveaux, il devient un nouvel Ange de Dieu. Chacun des Anges jouera un rôle primordial dans la vie de l'humain.

L'humain qui a franchi les neuf étapes et qui adore la vie humaine reviendra sur Terre et se distinguera par sa mission de paix et sa quête spirituelle. Cet être donnera l'exemple en se dévouant à Dieu. Il conscientisera l'humain aux bienfaits de la prière. Cet être est un guide spirituel.

Lorsqu'un humain est près d'un guide spirituel, il y a de fortes chances qu'il ait déjà connu ce guide dans un autre temps. Il peut l'avoir connu personnellement ou l'avoir prié de vie en vie. C'est la raison pour laquelle l'histoire de ce guide le passionne. Cela le passionne de siècle en siècle et il ne s'en lassera jamais. Sa dévotion envers ce guide spirituel est éternelle.

Souvent, l'humain se sent plus près de son guide spirituel que de son Ange personnel. Cependant, le guide spirituel peut changer en cours de route, mais pas l'Ange personnel. Chaque humain évolue différemment. Certains vont explorer plusieurs avenues avant d'opter pour une en particulier. D'autres seront très fidèles et ils demeureront continuellement avec le même guide spirituel.

Pour mieux définir ce que nous venons de vous dire, prenons un exemple. Lors de votre jeune âge, vos parents vous ont inculqué leurs valeurs spirituelles. Elles étaient très chrétiennes. Ils vous ont parlé de Marie, de l'enfant Jésus, de Joseph. Vous avez prié ces êtres chèrement jusqu'au jour où vous avez découvert une source spirituelle qui vous animait. Cette source bouddhiste vous a interpellé à un point tel que vous avez abandonné toutes vos croyances anciennes pour les remplacer par cette nouvelle doctrine. Au lieu de prier Marie, Jésus et Joseph, maintenant, vous priez Bouddha. Il est évident qu'à ce moment-là, un autre guide spirituel viendra prendre la relève dans votre vie.

Il y a des humains qui peuvent changer régulièrement de guide spirituel, tandis que d'autres conservent le même tout au long de leur vie terrestre. Les uns comme les autres sont en harmonie avec le plan divin. Il ne faut pas oublier que l'humain est le maître de sa vie. Il est aussi le maître de sa spiritualité. L'important pour Dieu, c'est que l'humain se sente en harmonie avec la doctrine qu'il choisit et qu'il consacre quelques minutes à la prière.

Donc, un guide spirituel a jadis été humain. Lors de ses vies humaines, cet être s'est démarqué en étant bon, humble et dévoué envers son prochain. Sa manière d'agir envers son peuple lui a permis de lui inculquer de bonnes valeurs. Sa dévotion envers Dieu et envers la prière a permis à ceux qui l'écoutaient de leur insuffler le goût de louanger Dieu et de le prier.

La mission du guide spirituel est de réconforter et d'aider les gens lors de périodes difficiles. S'il peut vous accorder un miracle, il vous l'accordera. En accordant plusieurs demandes qui lui sont faites, ce guide spirituel conscientise l'humain aux bienfaits que peut apporter la prière dans sa vie. De plus, en priant ce guide, ce dernier vous infuse sa doctrine pour que vous puissiez par la suite l'appliquer à votre vie et à vos croyances.

Dans votre ère, il y a plusieurs individus qui deviendront d'excellents guides spirituels lorsqu'ils reviendront parmi nous. Ces êtres se dévouent corps et âme pour le bien de l'humanité. Ce sont des messagers de paix. Nous ne pouvons révéler l'identité de ces êtres. Toutefois, nous pouvons vous dire que mère Teresa en a été un ainsi que le frère André. Il y a aussi un homme qui a travaillé ardemment pour que la paix se propage dans son pays. Cet homme portait le nom de Gandhi, messager de paix et d'amour. Il y a aussi celui qui suit ses traces. Son peuple le prénomme chaleureusement le dalaï-lama.

Dans d'autres époques, il y a aussi eu plusieurs guides qui ont changé le cours de l'histoire. Ce sont des Êtres illuminés, et vous connaissez déjà l'importance qu'ils occupent dans le cœur de leurs fidèles enfants. Nous parlons évidemment de la mère divine Marie, de son mari Joseph et de leur fils Jésus. Il y a aussi saint François d'Assise, Jeanne d'Arc et plusieurs sages qui sont tous devenus d'excellents guides spirituels que certains nomment chaleureusement des « maîtres ascensionnés ».

Parlons maintenant des Archanges. Leur mission première est de s'occuper des besoins des Anges. Ils sont le réservoir d'essence divine qui nourrit continuellement l'Ange pour que celui-ci puisse bien accomplir sa mission auprès de l'humain.

De plus, les Archanges s'occupent des fléaux terrestres. Ils travaillent tous de concert pour que la planète Terre puisse un jour devenir un lieu agréable où il est facile de vivre sans se préoccuper des désastres que peuvent engendrer certaines catastrophes. Les Archanges veulent aider les humains à prendre conscience des conséquences que leurs actes peuvent provoquer sur la Terre. Leur mission est d'aider les humains à trouver les meilleurs remèdes ou solutions pour éviter toutes sortes de catastrophes écologiques ou autres. Toutefois, certains Archanges adorent travailler sur le plan personnel de l'être humain. Il fait alors équipe avec l'Ange personnel de cet être humain.

Avons-nous connu et côtoyé, dans une vie précédente, notre Ange personnel, notre protecteur, ou est-ce un étranger?

Comme nous vous l'avons indiqué précédemment, il y a de fortes chances que votre Ange personnel puisse être une personne que vous avez jadis aimée lors d'une ou de plusieurs de vos incarnations. Il est toujours beaucoup plus facile de travailler avec ceux que l'on aime et que l'on chérit. Toutefois, il peut arriver dans de très rares occasions que votre Ange personnel soit un inconnu. Lorsque cette situation survient, vous devez tous les deux réussir un plan. Vous, le plan terrestre, et lui, le plan céleste!

Si vous le désirez, vous pouvez toujours lui demander qui il est, si vous l'avez déjà connu ou quel est son nom. Demandez-lui de venir *vous répondre à travers votre sommeil. S'il lui est permis de vous répondre, il le fera.*

Notre Ange demeure-t-il le même au cours de nos vies ou niveaux?

Parlez-vous de l'Ange de naissance ou de l'Ange personnel? En ce qui concerne l'Ange personnel, il peut vous suivre pendant plusieurs incarnations, surtout si vous avez aimé travailler avec lui. Si vous adorez faire équipe avec votre Ange personnel, il vous sera beaucoup plus facile d'avancer et d'accomplir votre plan de vie.

Toutefois, en ce qui concerne l'Ange de naissance, l'Ange de Lumière, il sera différent. Il ne faut pas oublier que vous venez sur Terre avec un plan à accomplir. L'Ange qui vous est attitré lors de votre naissance possède toutes les qualités requises pour vous venir en aide. Il est la clé qui vous permet d'ouvrir toutes les portes adéquates pour bien accomplir votre plan. Il est la solution lorsque survient un problème. Il est la force, le courage et la détermination lorsque survient une période de détresse. Cet Ange a en main votre itinéraire et il est celui qui possède toutes les qualités pour que vous puissiez bien réussir votre parcours. Votre plan de vie (karma) est donc relié à ses forces. Seul cet Ange possède la clé qui vous libérera de ce plan de vie. Voilà l'importance d'apprendre à le connaître et surtout d'apprendre à connaître ses forces puisque, généralement, ses forces sont vos faiblesses. Cet Ange a la mission avec votre Ange personnel de « ramener » vos faiblesses en forces.

Lorsque vous apprenez bien vos leçons, il vous est possible d'accéder à la prochaine maison et de travailler avec un Ange différent. Toutefois, les Anges avec lesquels vous avez travaillé, vous les gardez en vous. Leur essence vous permettra d'affronter certaines difficultés avec sagesse et détermination. C'est la raison pour laquelle certaines situations vous sont familières et que vous êtes capable de leur faire face et de bien les régler. Avec d'autres situations, vous avez un peu plus de difficultés. Celles qui sont un peu plus difficiles font également partie de votre plan actuel de vie. Et seul votre Ange de naissance possède la force et la clé pour vous en libérer.

Chaque Être de Lumière est conçu pour aider l'humain dans son plan de vie. Chaque Être de la Lumière possède sa propre clé, sa propre force et sa propre mission.

Lorsque vous accédez à un étage supérieur, c'est que vous avez réussi votre plan de vie. Ainsi, vous n'avez plus besoin de l'aide de l'Ange qui vous avait été désigné puisque vous avez bien complété le plan qui vous était assigné avec cet Ange. Toutefois, cela ne vous empêche pas de le prier. Vous pouvez toujours garder contact avec lui. C'est la raison pour laquelle certains humains se sentent près d'un Ange en particulier, même si celui-ci n'est pas leur Ange de naissance.

Cependant, il est important de travailler avec votre Ange de naissance puisque celui-ci détient la clé de votre libération karmique.

Les prochaines questions nous permettront de constater que les Anges sont quotidiennement avec nous quand nous travaillons en collaboration avec eux, autrement dit, lorsque nous prenons le temps de leur parler et de les prier.

Si nous les intégrons dans notre vie, les Anges sont constamment à nos côtés. Ils nous guident sans cesse pour que nous puissions bien accomplir notre plan de vie.

Notre Ange personnel cherche donc toutes les issues accessibles pour que notre vie ne soit pas trop compliquée. Son grand désir est de nous voir heureux et satisfaits de notre vie. Telle est sa mission envers nous, tel est son bonheur.

Lorsque nous prions plusieurs Anges, ces derniers sont-ils vraiment à côté de nous ou s'agit-il seulement d'une connexion avec la sphère céleste?

Votre Ange personnel, cher enfant, est toujours présent à vos côtés. Il est autour de vous, il vous accompagne, il est votre guide. Lorsque vous priez, les mains jointes, c'est un signe pour nous qui est important, comme lorsque vous fermez les yeux et que vous priez. Des Anges nous disent qu'il y a parfois des humains qui ne ferment pas les yeux et qui peuvent prier. Qu'importe la façon que vous utilisez pour nous prier, l'important est que vous nous consacriez quelques minutes. Cela est très cher à nos yeux d'Anges!

Lorsque vous réclamez l'aide d'un Ange, vous entrez dans une énergie, un contact, une alarme à l'intérieur de vous qui donne et qui sonne pour que l'Être que vous priez soit présent à vos côtés. Il y a des révélations que nous ne pouvons pas vous dire, puisque certains humains nous demanderaient : « Ange, si nous prions tous l'Ange Jabamiah, si, au moment même, à la minute près, il y a un million de personnes qui prient Jabamiah, est-ce que Jabamiah peut aller vers toutes ces personnes? » La réponse est oui.

Souvenez-vous, cher enfant, que Jabamiah est un Ange qui a une mission, et qu'il y a plusieurs Anges qui se prénomment Jabamiah puisque ceux-ci travaillent selon cette mission.

Cher enfant, nous allons vous révéler ceci. Plusieurs se demandent combien d'Anges sont auprès d'eux, combien d'Anges ils doivent prier, combien d'Anges viennent à eux. Vous avez à l'intérieur de vous 72 vibrations. Nous allons vous donner un exemple humain. Vous avez tous un téléphone. Nous avons regardé et étudié l'humain. L'humain prend son doigt et appuie sur le 3. Ensuite, un des numéros s'affiche ainsi qu'un nom. Quand vous composez le 3, vous appelez votre frère : « Bonjour, comment vas-tu? » Mais, comment votre frère s'appelle-t-il? Il a un prénom. Sur votre téléphone, il a un chiffre, un numéro.

La prière est votre téléphone, nous sommes votre numéro. Lorsque vous appelez, alors l'Ange que vous appelez répondra. Vous avez tous à l'intérieur de vous, nous allons vous taquiner, un bottin téléphonique. Comment avez-vous appelé cet outil? Un téléphone cellulaire? Vous avez tous un téléphone avec 72 numéros. (Commentaire d'un participant : « Plus neuf pour les Archanges. ») *Appeler les Archanges prend un téléphone beaucoup plus puissant.*

Nous voulons vous donner un exemple humain pour répondre à votre question humaine. Ce que nous essayons de vous dire, cher enfant, c'est que vous possédez tous, à l'intérieur de vous, une connexion qui vous permet de prier l'Être que vous réclamez. Votre Ange personnel compose avec vous le numéro. Il a possiblement déjà fait appel à cet Être de Lumière avant vous, puisqu'il a vu avant vous ce qui venait vers vous, alors il se prépare. Voyez-vous, cher enfant, quand vous venez sur Terre, vous y venez avec un bagage de connaissances, mais en même temps vous y venez avec un plan de vie, un plan que votre Ange possède et un plan que vous avez à compléter. Alors, votre Ange voit à l'avance les événements et il vous en prévient. Il vous regarde et dit : « Mon enfant ne va pas bien. Il ne suit pas sa route. Je vais communiquer immédiatement avec l'Ange Achaiah ou l'Ange Seheiah, peu importe lequel, et il appellera. Ce sera l'Ange dont il aura besoin. » Il appelle immédiatement : « Cher Ange, venez, mon enfant a besoin d'aide. » Cet Être viendra vers vous. Toutefois, si vous ne faites pas le numéro, nous ne pourrons pas vous aider, mais si vous faites le numéro, ils seront à vos côtés.

Le nombre d'Archanges et d'Anges de Lumière est-il chiffrable?

Le nombre d'humains sur Terre est-il chiffrable? Nous vous taquinons! Pour bien répondre à votre curiosité, sachez que notre sphère comporte autant d'Êtres de Lumière qu'il existe d'humains sur Terre.

Combien d'Anges pouvons-nous avoir auprès de nous?

Vous avez votre Ange personnel qui est constamment à vos côtés. Il y a aussi l'Ange de Lumière qui vient vous visiter régulièrement. De plus, si vous priez un Ange en particulier, celui-ci sera présent auprès de vous. Voyez-vous, les Anges adorent travailler avec l'humain. L'Ange réclamé se fera un devoir d'être aux côtés de l'humain qui le prie. Plusieurs humains peuvent avoir de deux à dix Anges qui les entourent, et parfois plus, selon leurs demandes et leurs prières. Plus vous faites appel à eux, plus ils seront présents dans votre vie.

Sachez, cher enfant, que nous sommes continuellement avec vous. Si physiquement vous ne pouvez pas nous voir avec vos yeux humains, vous pouvez cependant physiquement ressentir à l'intérieur de vous que nous sommes là. Vous pouvez aussi physiquement ressentir notre présence par des frissons sur vos bras, par des touchers légers. Alors, oui, vous pouvez physiquement ressentir qui nous sommes et oui, physiquement, nous y sommes, sans toutefois nous voir avec vos yeux humains, voir que nous sommes là.

Voyez-vous, cher enfant, s'il vous était permis de nous voir chaque fois que vous en faites la demande, il vous serait difficile de faire votre vie sur Terre. Vous seriez en extase devant nous, vous nous adoreriez comme nous vous adorons, alors vous ne voudriez plus rester sur Terre. Vous voudriez nous suivre dans notre Univers, dans notre havre de paix, et nous ne pouvons pas vous emmener.

Nous allons vous donner encore un exemple humain. Vous, adulte, si vous allez dans un endroit où il y a de la musique… L'Archange Melkisédeq nous dit que notre exemple humain n'a pas de sens, mais nous allons tout de même vous le mentionner. Donc, si vous allez dans un endroit où il y a de la musique, des rires, des joies et de l'alcool et que vous y emmenez votre enfant quelques minutes avant de l'envoyer chez la gardienne, ce dernier voudra rester avec vous, puisqu'il y a de la musique et qu'il a du plaisir, et aussi parce que c'est interdit. Mais vous, vous voulez dire à votre enfant : « Non, tu ne peux pas rester, tu es encore trop jeune. Va avec la gardienne, c'est elle qui prendra soin de toi, ce soir. » Comment l'enfant réagira-t-il? Il fera une crise. « Non, je veux rester, je suis assez grand. Moi aussi, je veux m'amuser », et vous ne pouvez pas blâmer cet enfant. Il vous voit rire, danser, vous amuser. Il veut aussi participer. Comme un grand, il veut être là. Il ne veut pas aller dans sa maison où un lit l'attend.

Voyez-vous, cher enfant, ce que nous essayons de vous dire simplement, même si Melkisédeq dit que c'est un drôle d'exemple, c'est que si nous venons continuellement vers vous pour que vous puissiez nous voir, vous nous suivrez, et lorsque nous vous dirons, cher enfant, il est maintenant temps de retourner à votre travail, alors vous nous bouderez et vous nous direz : « Cela ne me tente pas, les Anges, je veux vous suivre, je suis tanné d'être sur Terre. » Et nous serons peinés puisque nous aurons à vous refuser l'accès à notre demeure. La raison pour laquelle vous ne pouvez pas toujours nous voir (vous pouvez à l'occasion nous voir, mais pas de façon continuelle), c'est pour le bien de votre mission. Nous ne pourrons pas toujours être visiblement à vos côtés puisque vous n'évoluerez pas, et vous ne serez pas apte à bien accomplir votre mission de vie. L'humain est curieux, et nous sommes le mystère. Il est beaucoup plus mystérieux de ne pas nous voir. Si vous nous voyiez continuellement comme vous voyez les autres humains, vous seriez habitué à notre présence. Nous prieriez-vous encore?

Pensez-y. Si nous étions continuellement à vos côtés, pourquoi prieriez-vous? Nous serions là, vous nous verriez. Vous nous demanderiez presque de vivre votre vie pour vous. Évidemment, nous serions soumis à vous puisque nous vous aimons. Avez-vous pensé comment serait la Terre humaine si les humains savaient tout? Nous pensons qu'il ne serait pas, nous cherchons le mot, agréable de vivre sur Terre puisque vous auriez tout, vous seriez tout, vous verriez tout et tous seraient pareils.

Ce que nous essayons de vous dire, c'est qu'il est préférable pour vous, quand nous venons vers vous, que vous ne voyiez pas qui nous sommes. Nous sommes heureux de vous voir. Nous allons donner un autre exemple humain. Nous sommes des Êtres de Lumière qui aiment donner des exemples pour que l'humain puisse comprendre notre énoncé.

Puisque nous vous analysons, nous vous regardons, cher enfant. Pendant des années, vous avez fait un travail, vous avez travaillé au même endroit à faire les mêmes choses tous les jours. Comment vous êtes-vous senti à faire les mêmes choses par routine? Aviez-vous des buts? Y avait-il dans votre travail des passions, des champs d'intérêt, de la vivacité? « Pas comme au début. Au début, j'en avais. Avec le temps, j'avais d'autres idées. » Pourquoi? Parce que vous saviez tout de ce travail. Comprenez-vous? Regardez-vous, cher humain, qui accomplissiez un travail tous les jours et qui, pendant des années, faites ce travail. Est-il aussi passionnant qu'avant? Non. Alors, si vous saviez tout et si nous étions tout le temps à vos côtés, quel serait l'avantage?

Savez-vous que l'humain a vécu pendant des années où la mort n'existait pas? Et un jour, Dieu a dit : « Il faut que je fasse quelque chose puisque mes enfants n'évoluent plus. Mes enfants sont las, ne font plus rien, car il n'y a plus rien à faire. Ils ont tout fait, car ils savent tout. Si je crée la mort du corps physique, ils pourront prendre un nouveau corps physique, avec de nouvelles tâches, alors mes enfants évolueront, avanceront. Mon enfant, quand il viendra vers moi, méritera de venir vers moi, car il aura travaillé très fort sur Terre. » Même vous, cher enfant, avez dit : « Dieu, nous sommes tannés. Nous ne savons pas quoi faire. Nous trouvons cela long. Il n'y a plus rien à faire. Pourquoi nous avez-vous créés? » C'est là que Dieu a créé la mort pour vous donner l'occasion de changer de décor, de changer de vie, de changer votre perception de la vie, d'avoir un corps féminin, si cela vous tente, d'avoir un corps masculin, d'aller vers d'autres avenues, d'autres horizons pour que vous puissiez grandir. Et quand vous viendrez vers Dieu, vous serez émerveillé par ce que vous avez vécu. Mais, quand vous êtes humain, vous êtes découragé de vivre. Comprenez-vous ce que nous voulons vous dire? La vie humaine n'est pas facile. Toutefois, lorsque vous revenez au bercail, vous êtes émerveillé par tout ce que vous avez accompli sur Terre. N'oubliez pas que c'est vous qui avez demandé à Dieu d'explorer la Terre. Il a acquiescé à votre demande.

Il est aussi important de noter que Dieu et son équipe travaillent très fort pour plaire à l'humain. Notre seul et unique désir est de vous voir heureux et comblé. Voilà l'importance de nous intégrer dans votre vie, puisque nous faisons tous partie de la même famille et que nous travaillons tous pour la même cause : la paix, le bien-être et l'amour.

Puisque nous faisons tous partie de la même famille, pourquoi ne pouvons-nous pas communiquer plus facilement avec vous? Nous vous parlons et vous prions. Ce serait plaisant si nous pouvions vous entendre et vous voir afin de ne plus devoir décoder vos messages.

Cher humain, vous êtes adorable avec cette question. Nous venons à peine d'y répondre précédemment que vous nous posez encore la même question. Notre réponse reste la même! Pourquoi cherchez-vous tant à vouloir échanger avec nous? Que cela ferait-il dans votre vie? Que cela apporterait-il dans votre vie? Changeriez-vous votre vie? Évolueriez-vous autant? Si votre mère faisait vos devoirs continuellement, apprendriez-vous la matière étudiée? Seriez-vous en mesure de réussir votre examen et d'obtenir de bonnes notes? Si vous vous fiiez continuellement aux autres, apprendriez-vous? Évolueriez-vous et acquerriez-vous une belle sagesse et de belles connaissances? Non, puisque tout au long de votre vie, vous vous seriez fié aux autres. Vous seriez un humain apeuré devant les événements de la vie. Au lieu d'avancer, vous stagneriez et vous seriez insatisfait de vous et de votre vie.

Toutefois, lorsque vous prendrez votre vie en main, vous surmonterez vos épreuves avec dignité. Savez-vous à quel point ce sera gratifiant lorsque le tout sera réglé? Vous serez fier de vous et de ce que vous aurez accompli. Vous pourrez par la suite aider votre prochain puisque vous aurez appris une leçon. Votre sagesse vous permettra d'être un excellent conseiller. Les gens vous respecteront et écouteront vos bons conseils. Savez-vous à quel point il est gratifiant d'aider votre prochain? Savez-vous à quel point il est gratifiant de surmonter un obstacle et de parvenir à tout réussir?

L'expérience que vous acquérez ne se perd jamais. Elle vous suit tout au long de votre vie terrestre.

Voyez-vous, il est pénible pour vous, pour votre âme, de quitter la maison de Dieu. L'incarnation est pénible, le décès est la liberté. Si nous venons à vous régulièrement, si vous nous voyez régulièrement et que vous communiquez avec nous souvent, vous n'évoluerez pas sur Terre, puisque nous sommes des Êtres que vous chérissez quand vous venez vers nous. Il y a eu un temps où Dieu a permis à nous, les Êtres de Lumière, d'être en contact avec vous, les humains, mais les humains cherchaient à revenir vers nous, vivaient avec nous et ne vivaient pas sur Terre. Ils ne voulaient pas vivre. Il n'y avait pas d'évolution, comme la mort n'existait pas. Dans ce temps, les deux mondes se parlaient, les deux mondes se côtoyaient, mais rien ne se passait.

L'humain a dit à Dieu : « Pourquoi, Dieu, nous envoyez-vous sur Terre? Nous n'avons rien à faire, nous ne savons pas quoi faire. Donnez-nous des tâches, donnez-nous des défis. » Dieu nous a convoqués, Dieu nous a parlé et nous avons créé la mort physique du corps, et non la mort de l'âme, pour que l'âme se souvienne de son origine, de son essence. Dieu a dit : « Vous reviendrez sur Terre. Je créerai la mort. Vous reviendrez sur Terre et je vous donnerai des défis à accomplir. » Ainsi, il nous a chargés de missions : « Vous veillerez sur les enfants, vous les aiderez à accomplir leur mission. Quand ils auront terminé, ils reviendront vers moi. »

Nous allons vous donner un exemple humain. Vous êtes un papa ou une maman. Une journée, vos enfants vous disent : « Nous voulons partir, nous voulons vivre par nous-mêmes des expériences. » En tant que parent, vous ne voulez pas laisser aller vos enfants, mais en même temps, ces enfants, en demeurant avec vous, ne peuvent évoluer, car vous leur donnez tout ce qu'ils veulent. En quittant votre domicile, ils apprendront par eux-mêmes. Ils ont soif de défis, ils iront vers leurs défis. Ils apprendront très vite qu'ils étaient bien dans leur maison, dans la maison des parents, et si ces enfants veulent revenir vers vous, vous allez les accepter, mais en leur donnant des conditions.

Alors, Dieu a agi de même, il a dit à ses enfants : « *Vous voulez partir, vous voulez voler de vos propres ailes, vous voulez explorer la Terre à votre manière, alors j'accepte, j'accepte de vous laisser aller, j'accepte de vous laisser évoluer à votre manière. Je vous donne tous les outils pour que vous puissiez réussir. Je vous donne même un Être, un Ange personnel, pour que vous puissiez accomplir votre mission. Toutefois, puisque vous voulez venir sur Terre par vous-même, vous ne pourrez plus revenir dans les cieux et y demeurer à tout jamais tant que vous n'aurez pas fait les neuf étapes avant d'accéder à ma demeure.* » Et les humains ont accepté. Ils avaient cette soif de connaître, cette soif de se sentir libres, mais après quelques siècles, ils ont vite regretté leur choix.

C'est la raison pour laquelle la mort vous libère de votre vie humaine, et quand vous revenez vers nous, vers les cieux, vous êtes très heureux et vous ne voulez plus revenir sur Terre, mais Dieu a dit : « *Je vous ai tout donné et je vous ai donné cette condition.* » Alors, il faut maintenant l'accomplir et la respecter.

Dans ce cas-là, comment pourrions-nous être plus réceptifs à vos apparitions et à vos messages? Avez-vous une méthode à nous suggérer?

La méthode la plus efficace est sans aucun doute la prière et la foi en notre mission. Si vous avez la foi, vous allez nous atteindre et nous voir. Ainsi, il vous sera plus facile d'entrer en communication avec nous et de reconnaître nos signes lorsque nous venons vers vous.

En parlant de signes, un Ange peut-il nous suggérer de nous diriger vers un lieu ou de faire une action quelconque?

Tous les jours. Nous sommes vos guides. Lorsque vous avez un plan de vie, nous vous dictons ce plan de vie. Nous allons vous taquiner, *cher enfant. « N'est-ce pas vous qui demandez toujours un stationne-ment? »* (La personne concernée se met à sourire.) *Avez-vous un stationnement chaque fois que vous nous le demandez? « Oui, merci beaucoup. J'en ai même fait part à mes amies. » Alors, ce signe vous prouve que nous sommes toujours là et que nous vous dirigeons au meilleur endroit que vous nous réclamez. Nous vous réservons un stationnement puisque, lorsque vous partez, votre Ange personnel lit votre pensée. Celui-ci sait que vous voulez un stationnement pas trop loin de votre édifice. Votre Ange se dépêche pour aller vous trouver un stationnement! Nous vous taquinons, cher enfant.*

Toutefois, nous voulons dire à tous les humains que nous ouvrons des portes quand elles doivent être ouvertes, que nous les dirigeons vers des lieux lorsqu'ils doivent y être, surtout si ces lieux sont importants pour eux et que cela n'entrave pas leur plan de vie.

Nous pouvons aussi vous diriger vers un lieu quand il y a une leçon à apprendre de ce lieu. Nous sommes toujours présents autour de vous si vous nous réclamez. Lors d'un danger, nous ferons tout ce qui est en notre pouvoir pour vous en éloigner. Nous vous prévenons toujours d'un danger. Nous sommes vos gardes du corps. Nous nous assurons que rien ne vous arrive. Nous ne voulons tellement pas vous voir souffrir ou sombrer à cause d'une fâcheuse situation. C'est la raison pour laquelle il est important de toujours nous « trimballer » avec vous, peu importe où vous allez!

De quelle façon pouvons-nous vous trimballer avec nous?

Rien de plus simple, cher enfant. Il suffit de nous prier et de nous demander de vous suivre. N'oubliez pas que votre Ange personnel est continuellement avec vous. Toutefois, si vous ignorez sa présence, il ne peut pas vous aider comme il aimerait le faire. Vous devez avant tout être réceptif à notre présence et à nos signes. Pour le devenir, vous devez nous intégrer dans votre vie quotidienne. Priez-nous et parlez-nous et vous verrez des miracles s'accomplir devant vous. Il vous sera beaucoup plus facile de reconnaître les signes que vous fera votre Ange personnel pour vous prévenir d'un danger ou pour vous aider à ouvrir les meilleures portes pour accomplir vos projets et combler vos désirs.

Plusieurs personnes aimeraient vous trimballer avec elles. Toutefois, quelques-unes d'entre elles ont peur des Anges. Que pouvons-nous faire pour éliminer notre peur des Anges?

Pourtant, l'humain est beaucoup plus apeurant que nous. Nous devons dire à l'humain de commencer par nous prier, par apprivoiser notre univers, par se respecter, par venir à nous en douceur, par avoir sa propre idée de nous, par ne pas se laisser influencer par d'autres personnes, si cela le dérange. Nous voulons tout simplement dire à l'humain de venir en douceur vers nous, et quand il apprivoisera notre énergie, nous lui ferons signe. D'ailleurs, lorsqu'il verra sa vie se transformer, il sera conscient que nous sommes avec lui. Ce signe lui prouvera notre présence auprès de lui.

Dieu doit-il toujours approuver ce que les Archanges et les Anges font pour le bien-être de l'humanité?

Lorsqu'il s'agit d'aider l'humain, Dieu n'a pas besoin d'approuver le travail des Anges puisque cela fait partie de leur mission. Lorsque Dieu a donné à chaque Être de Lumière sa mission, il lui a donné le feu vert pour venir en aide aux humains. Toutefois, les Êtres de Lumière doivent respecter le plan de vie qui a été établi avant l'incarnation de leur enfant.

Les humains ont des affinités avec certaines personnes, mais moins avec d'autres. Pouvons-nous dire que les humains ont des liens plus étroits avec des Anges, mais moins avec d'autres?

Quand vous avez des affinités avec un Ange, c'est que cet Ange a fait partie d'une de vos vies antérieures. Cet Ange fut l'un de vos Anges avec qui vous avez adoré travailler. Il est évident que cet Ange a été très important pour vous puisque votre âme s'en souvient. Il y a possiblement trois raisons importantes pour lesquelles vous vous souvenez de cet Ange.

La première raison est que vous avez possiblement eu une incarnation difficile, mais que vous vous en êtes sorti grâce à l'amour dévoué de cet Ange. Il vous a soutenu, il vous a aidé à régler toutes les situations reliées à votre plan de vie. C'est la raison pour laquelle vous vous souvenez de cette énergie.

La deuxième raison est que cet Ange a été très important à vos yeux. Vous avez eu beaucoup de plaisir à travailler avec lui et vous l'avez eu dans plusieurs vies. Cela veut dire que vous avez recommencé plusieurs étapes dans l'énergie de cet Ange, alors vous le connaissez très bien, et quand vous entendez son nom et que vous lisez les bienfaits de sa Lumière, vous réagissez, puisque vous savez que vous avez été dans cette énergie pendant plusieurs incarnations et vous savez à quel point sa Lumière est puissante.

Finalement, la troisième raison est que vous devez encore travailler avec sa Lumière. Si vous lisez les bienfaits de sa Lumière, il y a de fortes chances que cette dernière puisse vous apaiser et vous aider à bien accomplir vos tâches quotidiennes. Votre plan de vie comporte certaines situations pour lesquelles seule sa Lumière peut vous venir en aide.

Certaines personnes semblent plus réceptives aux messages des Archanges et des Anges que d'autres. Pouvons-nous développer ce don de communication spirituelle, et par quel moyen?

Vous ne pouvez pas développer ce don, car il vous a été donné, il est inné, il vous a été accordé. Cela fait partie de votre plan de vie. Voyez-vous, cher enfant, lorsque vous venez au monde, vous y venez avec un bagage de qualités. Votre Ange personnel a un bagage de connaissances et si, dans votre plan de vie, il a l'autorisation d'entrer en communication avec vous, car cela doit faire partie de votre plan de vie.

Ce n'est pas parce que vous n'entendez pas les Archanges ni les Anges que vous êtes méchant et que vous n'êtes pas doué. De plus, ce n'est pas parce que vous ne nous entendez pas que nous ne faisons pas partie de votre plan de vie. Il y a une autre force en vous qui est plus importante, et si vous voulez nous voir, nous écouter, nous entendre, nous parler et discuter, vous n'avez qu'à nous le demander. Lors de votre prochaine incarnation, ce sera évalué, et si toute l'évaluation est en harmonie avec le plan divin, cela vous sera donné de façon innée. (Précision d'une personne dans la salle : « Plusieurs personnes aimeraient vous voir, vous parler, c'est pourquoi je vous pose la question. ») *Vous pouvez toujours le faire, cher enfant, vous pouvez nous parler, nous voir quand vous êtes dans un état méditatif ou quand vous êtes dans le monde des rêves. Vous êtes tout le temps avec nous et nous sommes tout le temps avec vous. Arrêtez de vous inquiéter.*

Voilà de bonnes révélations qui vont nous permettre de mieux comprendre la vibration de ces Êtres chaleureux. Il n'en tient qu'à nous de les prier et de les intégrer dans notre vie.

Pouvez-vous maintenant nous parler des Anges terrestres? Selon *La Bible des Anges*, il existe des Anges terrestres sur Terre. Comment pouvons-nous les reconnaître parmi les autres humains?

Que l'humain est curieux! Premièrement, sachez qu'un Ange terrestre est un être humain qui a franchi avec honneur les neuf étapes de l'Arbre divin. Il aime la vie humaine et, en accord avec la maison de Dieu, il a décidé de revenir sur Terre pour aider l'humanité à retrouver sa foi spirituelle. Sa grande bonté et sa grande générosité font de lui un être exceptionnel qui est respecté et aimé de tous. Lorsque vous êtes en contact avec lui, vous pouvez ressentir, à l'intérieur de vous, un sentiment de paix et de bien-être.

Plusieurs de ces Anges se démarqueront et feront parler d'eux. Leur histoire sera racontée, leur histoire sera lue et respectée. Parmi eux, certains recevront la béatification et ils seront déclarés saints, d'autres seront priés. Ces êtres deviendront, par la suite, des guides spirituels qui marqueront l'histoire de l'humanité à leur façon. D'autres deviendront les nouveaux Anges de Dieu et ils pourront à tout jamais demeurer dans la demeure de Dieu et parfaire leur nouvelle vocation.

Un Ange terrestre peut-il faillir à sa tâche en se laissant manipuler par l'Ombre et être déchu?

Vous, en tant qu'être humain, pouvez-vous faire des erreurs sur Terre? Il ne faut pas oublier que cet être demeure un humain. Toutefois, celui qui a franchi les neuf étapes de l'Arbre possède une grande sagesse et une foi inébranlable en Dieu. Cet être mérite le titre d'Ange terrestre pour tous les bienfaits qu'il a accomplis lors de ses vies humaines. Lorsque celui-ci revient sur Terre, c'est pour accomplir une mission. Cette dernière lui vaudra par la suite le privilège d'être un guide spirituel ou un Ange de Dieu. Cet être peut faire des erreurs. Ce sont parfois des erreurs utiles pour la compréhension d'un événement ou d'une situation. Toutefois, lorsque celui-ci fait une erreur, il est en mesure de la réparer.

Sachez qu'un Ange terrestre ne fera pas l'« erreur », par exemple, de tuer son prochain. Un Ange terrestre n'abaissera pas son prochain. Il aidera son prochain à mieux évoluer et à bien réussir son plan de vie. Un Ange terrestre aidera donc son prochain à prendre conscience des bienfaits de la prière et de l'énergie des Anges.

Ces explications nous aident à mieux connaître le rôle important des Anges dans notre vie quotidienne. Puis, nous reconnaissons mieux l'Ange terrestre et comprenons qu'il est préférable d'éviter d'aborder avec lui le sujet de son statut angélique. Après tout, un Ange terrestre est d'abord un humain venu sur Terre pour accomplir une mission très particulière. Réjouissons-nous simplement si nous avons la chance de côtoyer l'un d'entre eux. Nous apprendrons énormément de cet être divin.

Dans le prochain chapitre, nous traiterons de l'Ombre. Comment les Anges réagissent-ils devant des situations d'Ombre? Comment les Anges peuvent-ils nous aider lorsque nous sommes envahis par des sentiments d'Ombre? Les Anges nous laissent-ils alors tomber?

Plusieurs écrits parlent d'Anges déchus. Ces Êtres existent-ils vraiment? Est-ce possible qu'un Ange de Lumière soit déchu à un point tel qu'il tourne le dos à celui qui l'a conçu? Découvrez ce que les Anges ont à dire en ce qui concerne ces sujets animés.

Chapitre II

L'Ombre

Il y a plusieurs écrits qui parlent des Anges déchus. Est-ce possible qu'un Ange de Lumière puisse changer à ce point et devenir déchu? Si nous nous référons à la vie humaine, nous avons tous des faiblesses. Il arrive parfois, et ce, malgré notre grande bonté et notre sagesse, que nous puissions perdre le contrôle lors d'un événement ombrageux. Nos émotions humaines nous font réagir. Il n'est pas rare de voir la colère venir nous animer. Mais qu'en est-il des Anges? Réagissent-ils de la même manière lorsqu'arrive un événement dont l'Ombre est la cause?

Pour plusieurs humains, la prochaine question se révèle d'une grande importance. Et la réponse nous permettra de mieux connaître les émotions des Anges quant aux situations négatives qui se produisent sur Terre.

Les Anges ont-ils des sentiments humains, par exemple la déception, la peine, la colère?

Les Anges connaissent l'existence de tous les sentiments humains. Dieu nous a créés ainsi pour mieux vous venir en aide. Nous savons ce que vous éprouvez lorsque vous êtes envahi par la peine, la déception et la colère. Ainsi, il nous est beaucoup plus facile de vous venir en aide et de vous protéger.

Nous comprenons vos émotions humaines. Nous comprenons les raisons pour lesquelles vous avez commis tel geste ou dit telle parole. Notre mission n'est pas de vous réprimander ni de vous juger. Elle est de vous permettre de vous relever et de réparer vos erreurs. De plus, notre mission est d'éradiquer vos émotions négatives en vous insufflant notre Lumière purificatrice.

Il est évident que nous avons de la peine lorsque vous êtes en peine. Toutefois, lorsque la colère vous envahit, nous travaillons tous de concert avec votre Ange personnel pour éradiquer ce sentiment d'Ombre en vous.

Dieu nous a créés dans la Lumière. Il nous a créés avec amour, joie et passion. Dieu est omniprésent en nous. Celui-ci nous a créés pour que nous puissions apporter sa Lumière dans le cœur des humains.

N'oubliez pas que nous formons tous une équipe avec Dieu. Nous travaillons tous pour la même cause. Nous nous épaulons et nous nous respectons. Lorsque l'un de nous a besoin d'aide, tous accourent à son chevet pour l'aider. Nous ne connaissons ni l'envie, ni la jalousie, ni la colère puisque ces sentiments n'existent pas dans notre royaume. Toutefois, nous sommes conscients qu'ils existent sur Terre. Nous sommes également conscients des ravages que la colère, l'envie et la jalousie peuvent provoquer lorsque l'humain est envahi par l'un de ces sentiments.

Notre mission est de vous donner la force, le courage et la détermination de régler vos problèmes. Nous vous aidons à prendre conscience de l'impact que ce problème ou ce sentiment néfaste cause à votre vie quotidienne. Lorsque l'humain en prend conscience, il cherche à le régler. Lorsque celui-ci le règle, la fierté l'envahit. Il est fier d'avoir réglé son *problème et d'avoir pris sa vie en main. Qu'il est gratifiant pour l'humain de régler ses problèmes et de retrouver la paix par la suite.*

Lorsque vous réglez un problème, vous êtes conscient des dommages qu'il a causés. Vous vous assurez donc de ne plus retomber dans le même piège.

Lorsque l'humain a franchi cette étape de sa vie, nous l'applaudissons. En guise de récompense, son Ange personnel lui ouvrira une porte importante qui lui permettra de combler l'un de ses désirs ou de réaliser l'un de ses projets. Voilà pourquoi il est important de réclamer notre aide lorsque survient un moment de détresse dans votre vie. Notre mission sera de vous infuser tous les outils nécessaires pour que vous puissiez bien vous en sortir. Lorsque vous réussissez, un cadeau providentiel vous est réservé!

Dans ce cas-là, pourquoi certains extraits de la Bible parlent-ils des Anges déchus? Qui sont-ils?

Premièrement, il est important de noter que la Bible a été écrite par l'humain et que certains extraits ne reflètent pas nécessairement la Lumière de Dieu. Pour répondre à votre question, il est important de savoir que les Anges conçus dans la Lumière ont été créés pour éradiquer les sentiments d'Ombre. Si un Ange de Lumière était envahi par un sentiment d'Ombre, sa Lumière éradiquerait immédiatement ce sentiment. C'est la raison pour laquelle les Êtres de Lumière ne peuvent être envahis par les sentiments d'Ombre puisque leur Lumière est puissante et purificatrice. Voilà l'importance de prier les Anges lorsque vous êtes envahi par un sentiment d'Ombre. La mission de votre Ange personnel serait de vous infuser immédiatement sa Lumière pour que celle-ci éradique votre sentiment d'Ombre.

Nous allons vous faire une révélation angélique. Toutefois, sachez que nous n'aimons pas les termes que vous utilisez, soit « Ange déchu ». Un Être de Lumière ne peut pas être déchu. Vous devriez peut-être changer vos termes pour « âme déçue ».

Voici la raison pour laquelle certains Anges se rebellent. Il y a des humains, lorsqu'ils ont atteint le sommet, qui désirent demeurer dans la maison de Dieu et travailler de concert avec notre mission. Ces êtres aspirent à devenir des Anges personnels pour venir en aide à l'humain. Qui de mieux pour aider un humain, puisque celui-ci connaît les sentiments de l'humain, puisqu'il a été humain. Ces nouveaux Anges deviennent rapidement les Anges personnels d'un humain étant donné qu'il s'agit de leur première mission.

Lorsqu'un humain aspire à devenir un Ange, Dieu purifie son âme et le déleste de ses vies humaines. Toutefois, la mission d'un Ange personnel en est une très difficile et ardue et elle comporte de grandes responsabilités puisque la mission de votre Ange personnel est de s'assurer que vous accomplissez bien votre plan de vie. Cet Ange doit aussi continuellement vous ramener sur le droit chemin lorsque vous vous en éloignez.

Lorsque l'humain accomplit bien son plan de vie, il est gratifié et plusieurs récompenses l'attendent lors de sa prochaine incarnation. Il est évident que cela revêt une grande importance aux yeux de l'Ange personnel, soit celle d'aider son enfant à réussir son plan de vie. L'Ange personnel sera honoré et récompensé. Lorsque celui-ci reçoit plusieurs récompenses, il peut accéder à une étape plus élevée, celle de devenir un Ange de Lumière et un Archange.

Dans de très rares occasions, il arrive que l'Ange personnel se sente incapable de bien accomplir sa mission. Il se révolte parfois. Souvent, celui-ci veut revenir sur Terre pour parfaire sa vie humaine. Toutefois, Dieu ne peut pas toujours acquiescer à sa demande. Obtenir le titre d'Ange personnel est très honorifique pour l'humain. Lorsque l'humain l'obtient, il doit en assumer la responsabilité. Un Ange que vous appelez un « Ange déchu », ce n'est donc pas un Ange déchu, c'est tout simplement une âme humaine déçue, un humain qui voulait être un Ange personnel, mais qui s'est rapidement aperçu que la mission de l'Ange est une grande responsabilité. Sachez que lorsqu'un Ange est envahi par un sentiment de frustration, ce n'est pas un Ange de Lumière, c'est une âme humaine qui est devenue Ange par choix et par amour.

Ce que nous essayons de vous dire, c'est que les Êtres de Dieu sont pur amour, ils sont pure Lumière comme ils sont pure énergie. Ils ne peuvent être empreints de sentiments négatifs, puisqu'ils ont été créés pour éradiquer les émotions négatives dont souffre l'humain. Il est vrai que nous connaissons l'existence des sentiments néfastes et que nous sommes conscients de ce que ces sentiments peuvent causer lorsque l'humain est animé par l'un d'eux. Toutefois, il serait presque impossible pour nous d'en être animés puisque notre Lumière l'éliminerait sur-le-champ!

Lorsque Dieu nous a fait prendre connaissance de ces émotions néfastes qui envahissent l'humain, celui-ci nous a dit : « Chers Anges, prenez ces émotions humaines, ces émotions qui détruisent l'humain, lavez-les de votre Lumière purificatrice pour que ces émotions ne puissent plus ravager le cœur de l'humain. »

Vous savez maintenant la raison pour laquelle nous, les Êtres de Lumière, les Anges de Dieu, connaissons les émotions négatives de l'humain lorsqu'il en est empreint, pour que nous puissions immédiatement les éradiquer avant que celles-ci fassent des ravages émotifs ou autres. Toutefois, lorsque l'humain est empreint d'une émotion néfaste, il doit nous prier pour que nous puissions l'éradiquer. S'il ne le fait pas, nous ne pourrons pas l'effacer. Voyez-vous l'importance de nous prier lorsque vous êtes envahi par une émotion destructive?

Malgré le fait que notre Lumière nettoie les émotions négatives, sachez qu'il y a des Anges dont la Lumière est beaucoup plus puissante et efficace que certains d'entre nous. Puisque leur mission consiste à éradiquer immédiatement les émotions et les situations d'Ombre, Dieu leur a infusé une force inébranlable devant l'Ombre. Ces Anges travaillent en étroite collaboration avec l'Archange Michaël. Ce dernier est le chef de cette équipe céleste contre l'Ombre. Tous réunis, ils forment l'Armure de Dieu.

Les Anges Damabiah, Cahetel, Yeialel et Hahahel ont la mission de venir immédiatement en aide à l'humain qui est empreint d'émotions et de situations d'Ombre. Leur Lumière purifie et chasse instantanément l'Ombre en vous et autour de vous. Voilà l'importance de les prier et de réclamer leur aide.

Advenant un moment de rébellion dans la maison de Dieu, cela ne prendra pas de temps avant que tous les Anges de Lumière et l'Armure de Dieu fassent scintiller les âmes concernées avec leur Lumière d'amour purificatrice. Il arrive parfois qu'une âme se rebelle et qu'elle refuse de se faire purifier par la Lumière des Anges. Si tel est le cas, elle devra quitter le Royaume de Dieu. Toutefois, elle pourra y retourner lorsque celle-ci acceptera de purifier son âme par la Lumière des Anges. En purifiant son âme, tous ses sentiments de rébellion s'estomperont et cette âme pourra par la suite continuer de vaquer à ses occupations habituelles.

Lorsqu'un tel événement se produit, nous apprenons énormément de cet événement. C'est la raison pour laquelle nous travaillons tous en harmonie pour que cet événement ne se produise plus dans le Royaume de Dieu. Nous chérissons tellement l'âme humaine qu'il nous est pénible de la voir se détruire ou se laisser influencer par l'Ombre. Nous ferons tout en notre possible pour que celle-ci reprenne le chemin de la Lumière. Nous ne l'abandonnerons jamais.

Toutefois, nous sommes tellement désolés et attristés lorsque l'âme nous tourne le dos et qu'elle quitte notre royaume. C'est à ce moment-là qu'elle se fait hypnotiser par l'Ombre. Elle la suit et pense qu'elle y sera mieux. Plusieurs de ces âmes regrettent amèrement leur décision. De plus, lorsqu'elles sont sous l'emprise de l'Ombre, cela leur est difficile de revenir vers la Lumière puisque l'Ombre fera tout pour l'en empêcher.

C'est la raison pour laquelle l'Armure de Dieu se promène souvent dans l'abîme de l'Ombre pour sauver ces âmes perdues et les ramener dans le royaume de Dieu.

Parlez-nous de l'abîme de l'Ombre. Est-ce l'enfer? Qui dirige l'enfer?

Avant tout, sachez que nous n'aimons pas parler de l'abîme de l'Ombre. Notre mission est de vous parler de Lumière, d'amour et de paix. Toutefois, nous voulons vous aider à mieux comprendre l'univers de l'Ombre. Si cela peut vous permettre d'éviter de vous y rendre un jour, nous aurons accompli une belle mission.

Le mot « enfer » est un terme qu'utilise l'humain pour signifier les Ténèbres. Plusieurs de vos écrits associent l'enfer avec Lucifer. Nous vous dirons que tous ceux qui dirigent cet endroit sont des âmes déçues et perturbées par le Mal. Ils sont vos pires démons. Ils sont les pires ennemis de l'humain. Lorsqu'une âme se dirige vers l'abîme de l'Ombre, elle entre dans les Ténèbres. Elle souffre terriblement puisqu'elle est envahie par toutes sortes d'émotions négatives et sombres. Nous pourrions même dire que l'âme est en morceaux, en lambeaux. Il y a mort dans l'âme. Celle-ci est privée de Dieu et de sa famille d'âmes.

Pour qu'une âme puisse s'épanouir et survivre, elle a besoin de Dieu et de sa famille d'âmes. Elle a besoin de Lumière.

Lorsqu'une âme se retrouve dans l'abîme de l'Ombre, c'est qu'elle est en désaccord avec sa prochaine incarnation. Elle se révolte et elle se fâche. Elle tourne le dos à Dieu. Elle pense qu'elle peut survivre sans Dieu. Toutefois, lorsqu'elle arrive dans l'abîme de l'Ombre, elle réalise rapidement qu'elle souffre de l'absence de Dieu, qu'elle a besoin de sa Lumière, comme elle a besoin de sa famille d'âmes. C'est la raison pour laquelle l'Armure de Dieu se promène régulièrement à cet endroit pour « sauver » ces âmes perdues, ces âmes qui réalisent qu'ils ont besoin de Lumière pour survivre.

Toutefois, le maître de l'Ombre ne laisse pas échapper facilement ces âmes perdues et révoltées. C'est la raison pour laquelle l'âme est en combat. Elle est en dualité entre la Lumière et l'Ombre. Lorsqu'elle gagnera sa bataille, elle retournera dans les bras de Dieu. Cependant, le maître de l'Ombre reviendra hanter cette âme lors de son incarnation.

C'est la raison pour laquelle il est important de prier les Anges, surtout si vous avez des tendances suicidaires, l'envie de tuer et de faire du mal à votre prochain. Ces situations sont les préférées de l'Ombre. Plus vous prierez les Anges, plus vous renforcerez votre Lumière. Un jour, l'Ombre s'éloignera de vous. Vous aurez gagné votre bataille, et ce, pour l'éternité.

Il est aussi important de noter que certaines âmes ne veulent plus retrouver leur Lumière. Ils se nourrissent de l'Ombre. Ces âmes perdues viennent souvent hanter les émotions de l'humain. Elles cherchent à gagner le pouvoir. Elles cherchent à gouverner la planète et à anéantir Dieu et sa création. Elles ne sont pas conscientes qu'elles ne peuvent pas anéantir Dieu. Elles peuvent anéantir sa création, mais pas Dieu. De plus, avant d'être corrompues, ces âmes furent créées par Dieu. Si elles anéantissaient la création de Dieu, elles s'anéantiraient automatiquement. Ces âmes destructives cherchent donc à anéantir le plus grand nombre d'âmes possible. Elles les endorment avec des paroles fausses pour ensuite les amener vers leur abîme. Comme nous l'avons mentionné, lorsqu'une âme réalise l'ampleur de son geste, elle souffre. Lorsque cette âme ne parvient pas à gagner sa bataille, elle se laisse mourir. Puisqu'elle ne veut pas que l'Ombre la possède, elle met fin à son existence. Cet acte, elle le fait par amour pour Dieu.

Ces révélations importantes nous aident à mieux comprendre le rôle que jouent l'Ombre et la Lumière dans la vie des gens ainsi que l'importance de prier les Anges lorsque nous sommes envahis par des émotions néfastes. Nous avons la confirmation que l'équilibre et l'harmonie règnent en maître dans le royaume de Dieu. Lorsqu'une situation négative ou une rébellion arrivent, les Armures de Dieu se précipitent instantanément pour éradiquer cette rébellion, tandis que la Lumière des Anges a le pouvoir d'éradiquer les sentiments néfastes qui envahissent l'humain. L'amour, le respect et l'entraide sont les clés du succès qui fait du Royaume de Dieu, un havre de paix dont tous veulent

retourner y vivre! C'est sans aucun doute ce qui devrait nous inciter à ne pas se laisser influencer par l'Ombre.

Les prochaines questions vont nous permettre de mieux comprendre d'où l'Ombre a pris naissance.

Dieu a créé les Anges si parfaitement. Pourquoi nous, les humains, ne sommes-nous pas parfaits? Si nous sommes la création de Dieu, pourquoi ne nous a-t-il pas fait à son image?

Vous étiez parfait à la base. Toutefois, Dieu a commis une seule erreur, celle d'acquiescer à votre demande, celle de vous permettre d'explorer la Terre. Dieu ne pensait pas que votre arrivée sur Terre lui causerait autant de problèmes. Vous avez agi comme des enfants qui quittent le domicile familial. Votre curiosité et votre soif de connaissances vous ont amenés à emprunter des chemins différents de ce qui était planifié. Au départ, toutes les âmes étaient heureuses de quitter le domicile familial. Par la suite, cela s'est gâché. Dieu a dû créer la mort du corps physique. Ainsi, il permettait à votre âme de revenir au bercail et de se reposer.

Comme tout bon parent, Dieu a dû vous imposer une leçon de sagesse. Dieu a dit à ses enfants : « Chers enfants, vous m'avez imploré de vous envoyer sur Terre et j'ai acquiescé à votre demande. Maintenant, vous m'implorez de vous reprendre avec moi. Si j'acquiesce de nouveau à cette demande, allez-vous en tirer une bonne leçon? La porte de mon royaume vous sera toujours ouverte. Toutefois, vous devez me prouver que vous méritez cette place, ce privilège. La leçon que je vous impose fera évoluer votre âme. De plus, cette leçon vous sera très gratifiante lorsque vous l'aurez atteinte. De belles récompenses divines vous y attendent lorsque vous aurez réussi à atteindre le sommet. Pour atteindre le sommet, vous devez franchir les neuf étapes de l'Arbre angélique. Lorsque vous aurez atteint les neuf marches, il vous sera permis de demeurer éternellement auprès de moi. »

Dieu vous lançait un défi, un défi pour le bien de votre âme. Toutefois, il a réalisé que ce défi a donné naissance à l'Ombre. Des âmes se sont révoltées. Ils ne voulaient pas franchir les neuf paliers comme l'exigeait Dieu. C'est à ce moment que ces âmes ont voulus créer leur propre univers. Dieu n'est pas intervenu. « Si je laisse mes enfants découvrir les méandres du Mal, ils réaliseront très tôt qu'il est préférable de rester dans la Lumière. Ils reviendront rapidement vers moi et débuteront le premier défi, la première marche. Ils réaliseront que ce défi est un pas extraordinaire pour l'âme. Ils pourront grandir dans la Lumière et s'épanouir à travers celle-ci. »

Mais ce ne fut pas le cas et certaines âmes lui ont tenu tête, comme cela arrive souvent dans vos familles. Certains de vos enfants se révoltent et vous tournent le dos. Ils pensent être mieux ailleurs. Certains reviendront lorsqu'ils réaliseront l'ampleur de leur bêtise, tandis que d'autres vivront dans la haine, le remord et parfois le regret. Lorsqu'ils quitteront la Terre, ils seront amers. Leur âme sera déchirée et elle cherchera le pardon de ceux qu'elle a blessés. C'est la raison pour laquelle, avant de mourir, certaines personnes cherchent à renouer un lien qui a été brisé. Si votre présence est réclamée auprès d'un mourant, il serait bon pour votre âme et pour celle de cet être d'aller à son chevet et de pardonner les gestes posés ou les paroles dites. De toute façon, cela vous libérera d'une émotion lourde dans votre cœur. Si vous n'avez pas la force de le faire, demandez-nous de vous aider. Nous vous donnerons la force et le courage d'aller voir ce mourant et de lui pardonner.

Bref, vu l'ampleur de ces événements, Dieu nous a doté d'une Lumière très puissante pour que l'on puisse éradiquer l'Ombre sur notre chemin. Dieu vous a donné un choix. Il ne pouvait pas revenir sur ce choix. L'âme humaine devait comprendre qu'elle ne peut pas toujours obtenir tout sans le moindre effort. Pour son évolution, elle doit travailler et explorer tous les chemins qui la conduiront vers Dieu. Quel défi extraordinaire! Quelle satisfaction de monter les échelons et de découvrir soi-même la force de son âme. Quel bien-être de laisser ses traces sur Terre et de voir les autres âmes s'en servir.

L'âme s'est habituée à la vie humaine. Plusieurs adorent venir sur Terre. Elles viennent explorer, créer, prier et aimer. Lorsque l'âme humaine a atteint les neuf paliers obligatoires, elle a le privilège de choisir sa vie lors de sa prochaine incarnation. Elle possède le privilège de choisir son amoureux, ses enfants, sa vie financière, ses talents, etc. Elle a le droit de choisir une vie rêvée car elle le mérite. Mais certaines âmes préfèrent demeurer dans la maison de Dieu et vaquer à de nouvelles tâches.

Bref, Dieu nous a donné la mission de ramener ses enfants dans sa demeure. C'est la raison pour laquelle il vous a donné un Ange personnel. Cet Ange détient toutes les qualités et les outils nécessaires pour la réalisation de votre plan de vie. Dieu ne veut que le bien de ses enfants. Dieu est prêt à tout pour sauver l'âme de ses enfants. Toutefois, il a instauré une loi divine incontournable : celle de le prier et de prier ses Anges.

Que devons-nous faire pour rester dans la Lumière et nous éloigner de l'Ombre?

Vous n'avez qu'à nous prier. La prière est le meilleur moyen de communication qui vous permet d'entrer en contact avec la Lumière et d'illuminer en vous votre propre Lumière. Voilà l'importance de prier. Priez Dieu, priez un Ange, priez un défunt si vous vous sentez plus près du défunt que de nous, mais priez. Et vous verrez que tous travailleront pour vous éloigner de l'Ombre.

Quel est le rôle de l'Ange lorsque l'humain est sous l'influence de l'Ombre, et que fait-il pour aider ce dernier?

Dieu nous a donné une très grande qualité : le respect. « Respectez votre prochain comme vous aimeriez être respecté. » L'enfant qui est submergé par l'Ombre, c'est évident, ne nous prie pas. L'Ange personnel qui est attitré à cet être lui enverra beaucoup d'amour et de lumière pour que celui-ci retrouve le chemin de la Lumière. Mais, si celui-ci n'en veut pas, il devra se retirer. N'oubliez pas que l'être sous l'influence de l'Ombre est gouverné par l'Ombre.

Nous, les Êtres de Lumières, protégeons notre enfant. L'Ombre peut aussi être à côté de son enfant, mais elle ne le protège pas. Elle fait tout pour que celui-ci détruise son prochain, et un jour, l'Ombre le détruira.

Les Ombres se détruisent entre elles. Voilà la raison pour laquelle l'Ombre cherche beaucoup à s'installer sur Terre. Elle veut aller chercher des âmes fragiles, car elles sont des proies faciles. L'Ombre les attire vers elle en leur promettant mer et monde. L'Ombre veut gouverner la Terre. L'Ombre cherche à détruire ce que Dieu a créé. Si les enfants de Dieu continuent de se laisser influencer par l'Ombre, peut-être qu'un jour les individus n'existeront plus puisqu'elle les aura tous détruits!

Donc, si un enfant naît de la Lumière, son Ange sera à ses côtés continuellement. Quand un jour cet enfant sera approché par l'Ombre et qu'il sera submergé par l'Ombre, son Ange de Lumière travaillera très fort pour que celui-ci retrouve sa Lumière. Cependant, si un enfant naît de l'Ombre, il restera dans l'Ombre, à moins que celui-ci ne réclame la Lumière.

Vous savez qu'il y a des âmes noires. Elles sont l'Ombre. Vous êtes une âme de Lumière conçue dans l'amour de Dieu, mais il y a aussi des âmes conçues dans l'Ombre. Nous n'aimons pas dire « dans l'amour de l'Ombre » puisque l'amour n'existe pas dans l'Ombre. Nous devrions dire, peut-être, « dans la haine de l'Ombre ».

Qui est l'Ombre?

L'Ombre est une énergie qui détruit tout sur son passage. L'Ombre est composée des âmes révoltées. Elle ne laisse aucune chance de survivre ou de se racheter. C'est la raison pour laquelle lorsque l'humain est envahi par l'Ombre, il cherche à tout détruire sur son passage. L'Ombre l'aveugle et l'envahit et celui-ci ne peut réfléchir aux conséquences que ses actes engendreront. Sous l'influence de l'Ombre, il ne cherche qu'à détruire tout ce qui est sur son passage. Comme il peut aussi se détruire. Telle est la malédiction de l'Ombre.

Pourquoi les Anges ne peuvent-ils pas détruire l'Ombre?

Si nous détruisons l'Ombre, cela veut dire que nous devons détruire la Terre et tous ses habitants. Et nous l'avons déjà fait. Il suffit de lire l'histoire. Vous allez rapidement reconnaître qu'il y a eu des peuples qui se sont éteints par eux-mêmes sans que l'humain connaisse les vraies raisons de leur disparition. Toutefois, cela n'a servi à rien, puisque l'Ombre revient continuellement.

Sachez que l'Ombre prend naissance parmi les gestes des humains. Pour parvenir à se défaire complètement de l'Ombre, l'humain devra prendre conscience des ravages que peut causer l'influence de l'Ombre en lui. Lorsque l'humain commencera à propager l'amour, à renforcer ses Lumières intérieures et à s'éloigner de l'Ombre, il y a de fortes chances que l'Ombre s'estompe et que la paix revienne sur Terre.

N'oubliez surtout pas que tous les humains possèdent en eux un côté sombre et un côté lumière. L'important est de savoir bien doser vos énergies. Lorsque la Lumière a la priorité, il y a moins de danger de se laisser envahir par l'Ombre et de détruire votre prochain. Avec la Lumière, il vous sera possible d'analyser le pour et le contre et les conséquences de vos actes. Advenant une faiblesse de votre part, vous serez en mesure de réparer vos fautes. Telle est la force de la Lumière. Elle vous permet d'être en équilibre malgré le côté sombre à l'intérieur de vous.

Une personne qui boit à l'occasion, qui fume ou qui aime quelquefois jouer à la loterie ou au casino, est-elle considérée comme une Ombre?

Sous l'emprise de l'Ombre, l'humain détruit parfois tout ce qui est sur sa route. Cela dit, si certaines personnes s'amusent et que leurs gestes n'entraînent aucun problème dans leur vie ou dans celle de leur entourage, elles ne sont pas considérées comme des Ombres. Toutefois, si une personne est ravagée par une situation qui est en train de détruire sa vie et celle de son entourage, il serait important qu'elle demande l'aide de son Ange personnel pour se relever et reprendre sa vie en main.

Si une personne ayant commis un acte indigne, tel qu'un meurtre ou un viol, vous prie, allez-vous écouter sa prière?

Il est évident qu'une personne qui commet un acte indigne est sous la gouverne de l'Ombre. Si cette personne réclame notre aide, nous devons l'aider. Nous devons l'aider à retrouver le chemin de la Lumière. En agissant ainsi, cela évitera à son âme de se diriger dans les méandres de l'abîme. Toutefois, lorsqu'elle reviendra parmi nous, cette âme humaine devra accepter son plan de vie reliée à sa dernière incarnation. Nous ne pouvons vous en révéler davantage.

Parfois, certaines personnes en veulent aux Anges parce qu'ils ne leur accordent pas leurs demandes. Alors, certains individus les boudent, d'autres les ignorent complètement. Évidemment, la vie de ces gens est difficile et remplie d'embûches de toutes sortes. Il serait tellement plus sage et agréable pour eux de faire la paix avec les Anges. Leur vie s'améliorerait. Les Anges feraient scintiller leur Lumière intérieure et attireraient vers eux de belles situations.

N'oublions pas que la Lumière nous nourrit et qu'elle crée et attire vers nous de belles situations. Par contre, lorsque notre Lumière est éteinte, elle ne peut voir les éléments positifs. Dans la noirceur, nous attirons des ennuis de toutes sortes.

Je vous recommande de faire l'exercice suivant :

Pendant une semaine, levez-vous le matin et dites bonjour à votre Ange. Envoyez-lui un baiser et dites-lui que vous l'aimez et que vous désirez qu'il vous accompagne tout au long de la journée. Ensuite, prenez le temps de vous regarder dans le miroir et adressez-vous des compliments. Vous verrez que, toute la semaine, votre entourage vous fera des remarques positives sur votre personnalité. Vous pourriez même voir des événements agréables venir vers vous.

La semaine suivante, changez votre tactique. Ignorez votre Ange. Levez-vous le matin en critiquant votre image, vos vêtements, etc. Vous verrez que votre semaine sera remplie d'embûches et de problèmes de toutes sortes. À la suite de cet exercice, plusieurs d'entre vous changeront probablement leur attitude par rapport à eux-mêmes, aux gens et surtout aux Anges.

Malgré le fait que vous ignoriez votre Ange et que vous soyez en colère contre lui, celui-ci ne vous abandonnera jamais. Ce qui suit vous révélera la grande sagesse des Anges par rapport à l'humain qui leur tourne le dos.

Que ressentent les Anges lorsque l'être humain est en colère contre eux?

Nous comprenons l'être humain quand celui-ci est frustré, quand celui-ci tourne le dos à Dieu puisque Dieu n'a pas répondu à l'une de ses prières. Nous voulons dire à cet humain que nous l'aimons et que, malgré les mots, la haine, le chagrin, nous sommes toujours présents dans sa vie.

Nous ne tournerons jamais le dos à l'humain parce que celui-ci nous tourne le dos. Nous serons dans l'attente qu'un jour cet humain retrouve sa Lumière et qu'il comprenne que nous ne pouvons répondre à son appel puisque cela faisait partie de son plan de vie. Toutefois, nous le déplorons, mais nous ne réprimandons personne. Nous donnons tout ce qui nous est possible de donner à l'humain. Ensuite, parfois, l'humain, quand il obtient tout ce qu'il désire, quand il a tout obtenu, se tourne et ne nous prie plus. Il nous abandonne. C'est ce que nous déplorons.

Quand arrive une autre période difficile dans sa vie, il nous prie à nouveau, il s'agenouille, il nous supplie et il nous réclame de l'aide. Nous devons dire à cet humain : « Pourquoi avez-vous attendu si long- temps avant de faire appel à nous? Pourquoi avez-vous négligé la prière? » Nous ne voulons pas et ne cherchons pas à ce que l'humain nous prie tous les jours, mais nous voulons, cependant, que l'humain ait une pensée pour nous à l'occasion, et quand l'humain nous réclame de l'aide et qu'il nous a négligés, il est évident que nous ne pouvons lui donner tout exactement comme il nous le demande dans l'immédiat.

Nous allons vous expliquer cela. Nous cherchons un sujet... Nous venons de trouver un sujet. Vous faites partie d'une famille de six enfants. La maman prépare le repas de tous ses enfants. Chacun apporte son énergie pour la réussite du repas. Tout le monde travaille en coordination.

Un jour, la maman décide qu'elle ne veut plus de repas de famille, qu'elle veut vivre sa liberté. Elle part à l'aventure. Les enfants se réunissent, font le repas, mais il manque un élément. Il manque la mère. Puis, les enfants réalisent que l'énergie est différente et, ensuite, chacun s'éloigne.

Après quelques années, la mère réalise qu'elle a vraiment besoin de cette cellule familiale. Elle appelle ses enfants, mais ceux-ci ne reviennent pas immédiatement. Ils ont tous eu une vie différente. Ils ont tous changé leur vie en conséquence de ce qu'ils vivaient.

Voyez-vous, nous savons que notre exemple est un petit peu difficile à comprendre, mais ce que nous voulons vous dire, c'est que la maman est la prière. Quand l'humain prie, il est en contact avec nous. Les enfants, c'est nous, les Anges. Si vous nous priez, nous serons avec vous, nous travaillerons en collaboration et en coordination avec vous. Nous serons toujours à vos côtés puisque vous nous priez.

Si, un jour, vous abandonnez la prière, nous resterons pendant quelque temps, mais arrivera un temps où nous serons appelés ailleurs puisqu'il y aura d'autres gens qui prieront pour nous, alors nous allons nous disperser.

Arrivera un temps où l'humain nous demandera encore, par la prière, de venir le sauver. Nous viendrons, mais pas aussi rapidement que l'humain le souhaiterait. Nous n'abandonnerons jamais l'humain. Nous sommes toujours avec lui, mais, parfois, nous devons lui montrer qu'il ne faut pas négliger qui nous sommes et que nous devons travailler en coordination et en collaboration, ensemble, et ce, autant dans les moments faciles que difficiles.

Les Anges aident-ils toutes les personnes, même celles qui ne sont pas gentilles?

Nous ne jugeons pas l'humain. Nous sommes là pour le libérer de l'Ombre et le ramener sur le chemin de la Lumière.

Que font les Anges pour aider et protéger les enfants maltraités et violés sur la Terre?

Nous savons que ce sujet est très délicat. Plusieurs humains se demandent comment il se fait que nous, les Anges, ne puissions pas secourir ces êtres en détresse. Sachez, toutefois, que nous sommes constamment à leur côté et que nous les protégeons. Nous leur donnons la force et le courage de subir ces sévices, comme nous leur donnons la force et le courage de s'en éloigner. Nous leur ouvrons des portes de sortie pour qu'ils puissent retrouver le chemin de la paix et de la liberté. Parfois, nous empruntons un corps humain pour venir les épauler et les sauver.

Nous savons que plusieurs humains nous critiquent. Certains nous tournent le dos devant ces atrocités. Pourtant, nous sommes là! Cela nous désole de voir votre réaction devant ces situations. Nous-mêmes avons beaucoup de peine lorsqu'un enfant se fait battre. Sachez que nous travaillons très fort pour l'éloigner de cette Ombre. C'est la raison pour laquelle nous demandons à l'humain de travailler aussi de concert avec nous. Lorsque vous regardez un enfant se faire battre, se faire violenter, ne fermez pas les yeux! Si l'humain voit et prend conscience de toute l'atrocité de l'Ombre autour et qu'il parle, l'Ombre s'éloignera.

La Terre a besoin de vous, c'est votre demeure. La Terre a besoin de votre Lumière, de votre entraide, de votre respect. Combien y a-t-il d'humains qui ont oublié ce qu'est le respect? Combien y a-t-il d'humains qui ont oublié ce qu'est l'entraide? Il est beaucoup plus facile de juger votre prochain que de l'aider. En aidant votre prochain, vous avez peur que celui-ci vous dépasse. Nous ne comprenons pas puisque vous êtes tous venus avec un plan différent et que vous êtes tous venus sur Terre pour une seule cause : aider Dieu dans son infinie bonté et ramener la Lumière sur Terre.

Alors, nous disons aux humains qui demandent pourquoi nous laissons faire la violence, pourquoi nous ne guérissons pas la maladie, pourquoi nous laissons l'Ombre les envahir : sachez que nous travaillons continuellement pour éloigner ces situations. Toutefois, il serait beaucoup plus facile pour nous si vous, cher enfant, ne laissiez pas l'Ombre vous envahir. Si vous pouviez faire un effort, un petit, alors vous n'auriez pas à vous poser autant de questions et il n'y aurait pas autant de situations désagréables sur Terre.

Toutefois, nous allons vous faire une révélation importante en ce qui concerne l'âme qui subit des atrocités. Avant que celle-ci vienne sur Terre, nous lui avons dit : « Vous entrez dans une famille d'Ombre. Votre mission est d'apporter de la Lumière dans cette famille d'Ombre. Cette Ombre peut vous battre, peut vous faire vivre des sévices. Êtes-vous prête à y être? » Si cette âme décide de venir sur Terre et accepte, alors Dieu lui donne deux Anges personnels, et parfois trois, qui la protégeront de cette Ombre.

Les Anges aident toujours les enfants qui se font battre, qui se font violer. Ces âmes, quand elles quitteront la Terre dans la prochaine incarnation, seront récompensées, mais quand elles quitteront la Terre, elles seront louangées. Elles seront ensuite récompensées.

N'oubliez pas que Dieu n'envoie pas sur Terre les enfants pour qu'ils soient battus. Dieu est conscient que l'Ombre existe, alors il dit à l'enfant de Lumière que s'il naît dans cette famille d'Ombre, il subira des coups, que son corps physique sera marqué. Toutefois, Dieu lui promet de ne jamais l'abandonner. Avez-vous remarqué qu'un enfant qui se fait battre ou qui subit des atrocités a une force beaucoup plus grande que vous, qu'il a un courage beaucoup plus fort qu'un adulte? C'est que nous étions avec lui et que nous l'avons aidé. Parfois, quand nous trouvons qu'un enfant subit trop d'atrocités, nous venons chercher l'âme, car nous déplorons les gestes mesquins causés par l'Ombre.

La raison pour laquelle une âme veut s'incarner dans une famille d'Ombre, c'est qu'elle cherche à sauver une âme qu'elle aime et qui est influencée par l'Ombre. Elle le fait par amour pour cette âme.

Certaines âmes réussissent à ramener vers elles une âme en détresse, tandis que d'autres en sont incapables puisqu'elle est trop submergée par l'Ombre. Ces âmes qui désirent sauver une âme de l'Ombre sont pures et extraordinaires. Lorsqu'elles reviennent vers Dieu, elles sont louangées et respectées de tous.

À tous ceux qui ont subis des sévices, ne pensez pas que vous les méritiez. Au contraire, soyez fier de vous, car vous êtes venus pour sauver une âme sous la gouverne de l'Ombre. De plus, ne pensez pas que vous avez failli à votre mission si cette personne se laisse convaincre par l'Ombre et si elle vous fait vivre un calvaire d'émotions avec ses paroles et ses gestes. Au contraire, lorsque cette âme quittera son corps physique, l'Armure de Dieu sera présente. Cette âme aura le choix de sauver son âme et de suivre l'Armure de Dieu. Sinon, elle retournera dans l'abîme de l'Ombre.

Le prochain chapitre traitera de demandes et de prières que nous adressons aux Anges. Pourquoi certaines d'entre elles ne sont-elles pas exaucées? Comment devons-nous prier les Anges? Devons-nous les remercier?

Chapitre III

Demandes et prières

⁂

La vie nous apporte parfois des épreuves ou des situations devant lesquelles nous avons besoin d'une aide providentielle pour les surmonter. C'est à ce moment-là que plusieurs d'entre nous se tournent vers Dieu, les Anges, les défunts ou un guide spirituel pour obtenir un miracle.

Les questions qui vont suivre nous permettront de mieux comprendre la mission des Anges envers nos prières. Ces derniers nous expliqueront la raison pour laquelle certaines prières ne sont pas exaucées.

Pour le moment, retenons que les Anges ne nous abandonnent jamais. Ils sont toujours présents dans nos vies et travaillent assidûment pour nous apporter tout ce que notre cœur désire afin que celui-ci soit heureux. Par contre, ces charmants Êtres doivent toujours prendre en considération notre plan de vie.

Comment devons-nous prier les Archanges et les Anges? Combien de temps devons-nous prier par jour, par semaine ou par mois? Devons-nous prier le matin, l'après-midi ou le soir? Devons-nous prier au cours de nos tâches quotidiennes ou seuls dans une pièce, en silence?

Cher enfant, qu'importe le moment de la journée ou l'endroit que vous choisissez, la manière que vous utilisez, la prière que vous récitez. Que vous priiez une fois par jour, par semaine ou par année, l'important est que vous ayez pris le temps de nous prier et de nous parler. Il est évident qu'une fois par année, ce n'est pas beaucoup! Nous aimerions mieux vous parler plus souvent. Toutefois, nous respectons vos horaires et nous vous respectons. Plus vous prierez, plus vous ressentirez notre Lumière et plus vous améliorerez certains aspects de votre vie puisque vous aurez la force, le courage et la détermination pour le faire. De plus, sachez que nous réciter une prière peut être aussi simple que ceci : « Les Anges, je vous aime, et merci pour cette magnifique journée! » Ces quelques mots nous suffisent pour remplir notre mission! Alors, profitez-en et parlez-nous continuellement!

Pouvons-nous tous prier un Archange? Pouvons-nous prier l'Archange au lieu de prier l'Ange? Est-il vrai que pour prier un Archange nous devons avoir foi en Dieu?

La force, l'énergie et la Lumière des Archanges sont très puissantes. Il ne faut pas oublier que ceux-ci travaillent pour de grandes causes humaines. Dieu leur a fait don de ses Lumières les plus importantes, les plus étincelantes, les plus exceptionnelles et indispensables pour qu'ils puissent bien accomplir leur mission.

N'oubliez pas que les Archanges s'occupent aussi de nous, les Anges. Ils veillent à ce que nous puissions avoir toutes les ressources nécessaires pour veiller sur vous, cher enfant.

Toutefois, les Archanges sont aussi passionnés par l'humain que nous le sommes. Alors, plusieurs se font un plaisir et un devoir de prendre soin de l'humain qui le prie. L'Archange travaillera de concert avec l'Ange personnel de la personne qui le prie. Cependant, pour entrer en contact avec la Lumière de l'Archange, l'humain doit avoir foi en la mission des Anges et de Dieu. Ce que nous voulons dire, c'est que les Archanges sont un peu plus exigeants que nous, les Anges. Priez-nous et vous obtiendrez votre carte d'accès pour entrer en contact avec les Archanges!

Les humains demandent beaucoup et s'attendent à tout recevoir. Nous faisons des demandes, nous prions et parfois nous obtenons ce que nous voulons et, d'autres fois, nous n'obtenons rien du tout. Est-ce parce que nous avons mal fait notre prière? En demandons-nous trop?

Pouvez-vous nous renseigner sur les raisons qui vous amènent à consentir à certains vœux des humains et à en refuser d'autres? Et pouvez-vous nous expliquer comment un Ange travaille afin d'exaucer notre demande lors d'une prière?

Sachez, cher enfant, que vous ne demandez jamais assez à nos yeux. Nous savons que la vie humaine comporte plusieurs obstacles et qu'il n'est pas toujours facile de les régler et de s'en libérer. À moins d'une aide providentielle! C'est la raison pour laquelle nous avons toujours un immense plaisir à vous aider lorsque votre plan de vie nous le permet. Toutefois, si vous nous faites une demande qui vous nuit plus qu'elle vous fait grandir, nous ne pouvons pas vous l'accorder. Nous voyons toujours au bien-être de l'enfant qui nous prie. Lorsque celui-ci avancera dans la vie, il réalisera par lui-même que ce qu'il nous avait demandé était irréaliste, surtout lorsque la demande concerne les sentiments et les relations amoureuses. Lorsque votre demande est d'être aimé par une personne en particulier et que cette personne n'a aucune émotion envers vous, il est évident que nous ne pouvons pas vous accorder cette faveur, sachant que l'union serait impossible et désastreuse.

Généralement, lorsqu'un humain nous fait une demande, nous évaluons sa demande. Nous regardons dans son plan de vie. Nous regardons les cadeaux providentiels qui lui sont accordés. Si ce que vous nous demandez est plausible et que votre plan de vie nous permet de vous l'accorder, alors nous aurons un immense plaisir à vous envoyer le cadeau providentiel que vous nous réclamez. *Toutefois, si, pour une raison karmique, il nous est impossible de vous accorder ce que vous nous réclamez, nous vous enverrons un substitut qui vous aidera autant et qui sera mieux que ce que vous nous avez demandé.*

Nous ne laissons donc jamais tomber un être qui nous prie. Vous laisser tomber serait faillir à notre mission. Toutefois, nous ne pouvons pas toujours vous accorder tout ce que vous nous réclamez. N'oubliez pas que certaines demandes sont parfois très irrationnelles et, au lieu de vous aider, elles vous détruiraient.

Est-ce une prière pour vous lorsque les gens prient sans réciter le « Je vous salue Marie » et le « Notre Père »?

Oui. Cher enfant, le « Je vous salue Marie » et le « Notre Père » sont des prières qu'une religion a créées, mais ce ne sont pas des prières que nous avons créées. La prière, pour nous, c'est la parole. Parlez-nous. Dites : « Les Anges, je vous prie de venir à mon aide », alors vous nous priez d'aller à votre aide. La prière, pour nous, cher enfant, c'est prendre le temps de réclamer notre aide, de nous jaser, de retrouver votre source intérieure. C'est ça, l'important.

Lorsque nous demandons une assistance ou une faveur à un Archange ou à un Ange plutôt qu'à Dieu, offensons-nous Dieu?

Sachez que nous travaillons tous pour Dieu. Nous prier, c'est prier Dieu.

Comment pouvons-nous remercier les Anges après avoir obtenu une faveur ou une aide de leur part?

Vous n'avez qu'à nous dire : « Merci, les Anges! », et nous en serons très heureux.

Pouvons-nous prier un Ange afin d'obtenir de l'aide pour une autre personne?

Vos prières aident toujours les personnes pour qui vous les adressez. Toutefois, nous devons toujours respecter la personne concernée. Nous allons vous donner un exemple humain pour mieux clarifier notre énoncé.

Un membre de votre famille est atteint d'une grave maladie. Cela vous peine et vous êtes ébranlé par cette mauvaise nouvelle. Vous décidez donc de nous prier pour lui venir en aide. Votre prière sera entendue et dirigée vers l'Ange de Lumière et l'Ange personnel de cette personne malade.

En même temps, cette personne malade prie les Anges de venir la chercher, d'arrêter ses souffrances en la libérant de son corps physique. Il est évident que la demande de cette personne est prioritaire, puisque son corps lui appartient et qu'elle est le maître de sa vie, de ses choix et de ses décisions. Toutefois, votre demande de guérison lui sera envoyée par ses Anges. Ses Anges lui infuseront cette force que vous lui envoyez. Il n'est pas rare de voir des gens changer d'opinions à la suite de prières qui leur étaient adressées. Il est important de noter que votre prière vous aidera autant qu'elle aidera la personne concernée. Elle vous aidera à accepter la décision que cette personne prendra.

Plus vous envoyez des prières pour ceux que vous aimez, plus ces êtres les reçoivent. Vos prières renforcent leurs Lumières, ce qui les aide à mieux s'éloigner de l'Ombre. Voilà l'importance de prier pour une personne qui est submergée par l'Ombre. Vos prières lui permettront de prendre conscience des ravages que lui cause l'Ombre. Avec le temps, cette personne cherchera à prendre la route de la Lumière. Toutefois, il faut être patient, car l'Ombre ne laisse pas partir son enfant si facilement. Ce sera pour cette personne un défi de taille. C'est la raison pour laquelle vos prières lui seront d'un réconfort et d'une grande utilité. Vous ne priez jamais pour rien. Vos prières ont toujours un effet bénéfique sur la personne pour qui vous adressez vos prières. De plus, vos prières vous aideront, vous, à mieux aider cette personne submergée par l'Ombre.

Pour aider d'autres personnes, pouvons-nous leur dire de vous parler comme elles peuvent nous parler?

Avant tout, il est primordial de respecter la personne qui ne croit pas en nous. C'est son choix et vous devez le respecter. Il est aussi très important de ne pas forcer une personne à venir vers nous. Toutefois, lorsque cette personne vous verra souriant et rempli de belle énergie, elle cherchera à connaître votre recette miracle! Ainsi, il vous sera possible de lui parler de nous et de notre mission. Au début, allez-y en douceur et sans trop forcer la situation. Laissez cette personne découvrir qui nous sommes par elle-même. Priez pour cette personne, priez pour qu'elle puisse découvrir tous les bienfaits qu'apportera notre Lumière dans sa vie.

Est-ce possible de prier les Anges pour nous libérer d'un problème de karma? Si oui, comment pouvons-nous y arriver?

Premièrement, lorsque vous venez sur Terre, vous avez déjà en main un plan à accomplir. Ce plan est relié à l'Ange de Lumière qui vous a été assigné. Il est toujours important de prier cet Ange.

Toutefois, il y a des humains qui ont de la difficulté à mettre fin à certaines situations ou à certaines relations reliées à un plan ultérieur. Ces situations viennent encore hanter l'humain dans sa vie actuelle. Il est important à ce moment-là de prier les Anges Aniel et Rochel. Tous deux travailleront de concert avec votre Ange personnel et, ensemble, ils vous aideront à mettre fin à ces situations qui vous empêchent de vous épanouir dans votre vie actuelle.

Vous trouverez le procédé pour vous libérer des anciens plans de vie qui vous dérangent dans le livre *Les Anges au Quotidien*.

Avec tout ce que nous venons d'apprendre, nous pouvons facilement reconnaître les bienfaits que peut apporter la prière dans notre vie et dans la vie des gens pour qui nous adressons nos prières. Voilà de bonnes raisons de continuer de prier pour nous et pour les autres!

Le prochain chapitre aidera plusieurs personnes qui se demandent si les Anges ont une religion. Nous saurons également si ce sont les Anges qui ont créé les religions catholique, protestante, bouddhique et islamique. Et comment réagissent-ils par rapport aux religions terrestres?

Chapitre IV

Religion

❧

De nos jours, nous entendons beaucoup parler de religions et de sectes. Nous nous interrogeons souvent à savoir laquelle est la meilleure pour notre âme et notre bien-être. Les réponses qui suivent vous permettront de vous faire une idée en ce qui concerne les religions et ceux qui les gouvernent.

On nous a enseigné dans *Le petit catéchisme* que Dieu est tout puissant, mais qui a créé Dieu?

Vous l'avez créé. Nous vous taquinons. Qui est Dieu? Qui a créé Dieu? Ces questions sont mystérieuses, mais vous aimez le mystère. De grands dieux ont créé Dieu. C'est notre réponse!

Les Anges ont-ils une religion ou plusieurs religions?

Dans notre cœur, la seule religion que nous avons, c'est celle d'aimer Dieu et de travailler avec vous. Nous n'avons pas besoin de religion, car, voyez-vous, nous savons qui nous sommes, nous connaissons le degré de notre puissance. Nous ne cherchons pas à être plus puissants, nous cherchons à remplir notre mission. Nous respectons Dieu. Nous savons que Dieu est notre créateur. Nous ne voulons point le déloger, car il a un grand travail.

Voyez-vous, sur Terre, vous avez des religions pour montrer la puissance de qui vous êtes, pour montrer que vous êtes mieux que votre prochain, que vous êtes plus puissant que votre prochain et que vous avez raison, plus que votre prochain, mais nous, dans notre monde, nous n'avons point besoin de montrer notre puissance, car nous sommes persuadés que nous avons notre puissance, que chaque Être de Lumière est puissant dans sa mission. Nous ne cherchons pas à être un autre Ange et si nous aspirons à devenir un Archange, alors nous sommes conscients que pour être un Archange, nous devons faire un travail, et nous accomplissons notre travail.

Dans notre monde, nous louangeons nos confrères et nos consœurs. Dans notre monde, nous sommes une unité, nous sommes tous unis pour la même cause, nous sommes tous la splendeur de Dieu. Nous n'avons point besoin de religion, car nous avons une grande force, cher enfant, qui n'existe pas sur Terre : le respect.

Avez-vous remarqué que la guerre sur Terre a pris naissance dans la croyance des gens? Nous disons que la guerre des religions a grandement nui à l'humanité.

Qui est le Vatican et dit-il toute la vérité?

Dites-vous toujours la vérité, cher enfant? Alors, pourquoi le Vatican dirait-il toute la vérité? Sachez que le Vatican est dirigé par des humains. Sachez, cher enfant, que nous, les Êtres de Lumière, travaillons avec l'amour que Dieu nous a enseigné. Nous travaillons pour que l'humain sur Terre ait son propre paradis. Nous ne jugeons point l'humain, nous le respectons. L'humain a des croyances. L'humain a acquis des croyances par des religions. Il y a des religions, et plusieurs religions ont des lacunes. Il y a aussi des religions où il y a du bon. Dans tout l'Univers, dans tout, il y a du bon et il y a du mauvais, mais si le bon l'emporte sur le mauvais, alors notre mission sera accomplie.

Ce que nous essayons de dire, cher enfant, c'est qu'il y a parfois des prophètes qui ont des paroles bonnes et des paroles justes, des paroles de vérité, mais il y a aussi des prophètes dont les paroles sont fausses. Nous les appelons les « faux prophètes ». Même si ces prophètes se disent en communication avec Dieu, ils mentent. Mais, sachez, cher enfant, que l'âme de cet être qui ment quittera la Terre et devra répondre au juge céleste quand elle sera jugée. Cependant, nous n'aimons pas le mot « jugement », car le jugement sur Terre est différent du jugement dans les cieux. Il ne faut pas juger non plus le Vatican, car ses êtres ont des croyances puissantes. Comme vous, cher enfant, avez confiance en nous, eux ont confiance en leur Dieu, en leur religion. Dans ce Vatican, il y a de bonnes personnes qui enseignent l'amour de Dieu, qui enseignent la Lumière, mais il y en a aussi qui sont gouvernées par l'Ombre et elles ne disent pas toujours la vérité.

Parfois, il y a des membres du clergé qui sont accusés de viol sur des enfants. Comment pouvons-nous expliquer cette situation puisque ces personnes prient Dieu et que la prière devrait éloigner l'Ombre?

Voyez-vous à quel point l'Ombre cherche à dérouter la parole de Dieu? Ces êtres qui représentent Dieu sont submergés par l'Ombre. S'ils priaient vraiment Dieu et qu'ils avaient foi en sa Lumière, ils ne commettraient pas ces gestes obscènes.

N'oubliez pas que les religions ont été créées par l'homme. Les humains ont fait des lois qui ne représentent pas les lois de Dieu. Ils ont écrit leur Bible où certains passages ne reflètent pas la Lumière de Dieu. C'est la raison pour laquelle Dieu a permis aux Êtres de Lumière d'emprunter le corps d'un humain pour que celui-ci puisse écrire des passages de Lumière dans sa Bible.

Les Anges sont-ils en accord avec tout ce qui est écrit dans la Bible?

Comme nous venons de vous le mentionner, certains écrits ont été guidés par la Lumière et d'autres ont été guidés par l'Ombre. C'est la raison pour laquelle nous ne sommes pas en accord avec les passages qui ne reflètent pas la Lumière, mais qui reflètent la peur, le contrôle et l'abus de pouvoir.

Dieu a tout simplement dit à sa création : « Aimez-vous les uns les autres. Entraidez-vous les uns les autres. » L'Ombre a dit : « Détruisez celui qui vous dérangera. Écrasez votre prochain si vous voulez obtenir le premier poste et être le premier. » Ces mots, Dieu ne les a pas écrits.

Voyez-vous, il y a l'amour, il y a la haine, il y a la Lumière et il y a l'Ombre. Chaque situation, chaque sentiment a son opposé. L'important est d'être conscient qu'il y a un opposé, mais il ne faut pas vivre avec l'opposé. Il faut choisir une voie, la voie qui crée, la voie qui donne, et cette voie, c'est la voie de Dieu. La meilleure façon de trouver cette voie, c'est de prier Dieu.

Dans certains pays où les personnes semblent démontrer une grande croyance en leur religion et en leur Dieu, il y a beaucoup de guerres. Pouvons-nous déduire que leur religion a été créée en grande partie par l'Ombre?

Une religion qui parle de bataille et de guerre et qui incite ses fidèles à faire la guerre à leur prochain pour obtenir une décoration ne reflète pas la Lumière de Dieu. Elle reflète l'atrocité de l'Ombre. N'oubliez pas que l'Ombre détruit tout sur son passage.

Pouvez-vous nous parler d'un bébé qui n'est pas baptisé?

Dans notre sphère spirituelle, pour nous, le baptême n'a pas d'importance, car vous êtes tous des enfants de Dieu. Sachez que l'enfant qui est venu au monde était un enfant de Dieu et quand cet enfant quittera ce monde, il sera toujours un enfant de Dieu. Que vous le baptisiez ou non, aux yeux de Dieu, cela n'a pas d'importance. Cela a de l'importance aux yeux de vos croyances. Pour nous, l'important est que cet enfant, cette âme, puisse faire sa mission comme il a été demandé.

Il ne faut pas avoir peur si cet enfant n'est pas baptisé. Il suivra sa destinée. Cet enfant n'est pas une méchante personne et cet enfant ne sera pas une méchante âme. Cet enfant n'ira pas dans les abîmes de l'Ombre. N'oubliez pas que vous êtes tous des enfants de Dieu, peu importe vos croyances. Lorsque votre corps quittera la Terre, votre âme se dirigera vers son royaume, à moins que vous choisissiez de ne pas revenir vers Dieu.

PARTIE II

Les êtres humains

Chapitre V

Caractéristiques

Vous êtes-vous souvent demandé pourquoi la mentalité de l'humain est différente d'un pays à l'autre? Et pourquoi n'avons-nous pas une seule langue? Ne serait-il pas plus facile de communiquer entre nous? En ce qui concerne notre corps physique, est-ce nous qui le choisissons? Celui-ci est-il différent d'une époque à l'autre?

De plus, combien de personnes se demandent si les Anges nous voient lorsque nous prenons une douche ou un bain? Nous regardent-ils dans notre intimité? Nous suivent-ils partout et sont-ils témoins de tout ce que nous faisons?

Sur le plan de nos amours, les Anges peuvent-ils nous venir en aide? Peuvent-ils nous aider à rencontrer le partenaire idéal?

Toutes ces questions sont d'une importance capitale pour plusieurs humains. Voyez ce que les Anges ont à dire sur ces sujets.

Pourquoi les gens parlent-ils différentes langues?

Lorsque vous êtes venus sur Terre, Dieu vous a permis de relever des défis. Quel défi extraordinaire que d'essayer de comprendre son prochain et de communiquer avec celui-ci! Regardez la force que vous possédez. Malgré les langues qui se sont installées à travers le temps, vous parvenez à vous comprendre. Vous apprenez, vous étudiez. Avez-vous réalisé à quel point il est gratifiant de pouvoir communiquer avec son prochain en apprenant son langage? Quelques mots suffisent pour établir un lien. Avez-vous aussi remarqué la complicité qui existe entre deux personnes qui essaient de communiquer ensemble. On s'entraide, on s'aide, on se sourit. Chacun est heureux d'aider l'autre à connaître et à bien maîtriser son langage respectif. Réalisez-vous l'importance qu'acquiert votre âme? Vous la nourrissez de connaissances, de défis. Plus vous nourrissez votre âme, plus facile il sera pour vous d'accomplir vos incarnations.

Avez-vous réalisé que vous n'avez pas besoin de paroles pour vous exprimer puisque vos gestes parlent pour vous. Vos gestes valent mille mots!

Avez-vous aussi réalisé que ce sont les paroles qui provoquent des guerres? Dieu vous a permis de communiquer entre vous par la parole. Toutefois, il a vite réalisé que celle-ci provoquait souvent des guerres inutiles. Au début de la création, vous ne parliez que par geste. Ensuite, Dieu vous a fait don de la parole pour que celle-ci puisse gratifier votre prochain. Dieu vous permettait d'écouter les oiseaux chanter, le bruit du vent, les bruits de la nature. Dieu a pensé qu'il serait agréable d'écouter la voix de la personne que vous aimez, que vous côtoyez, d'entendre celle-ci vous dire des paroles mélodieuses ou de chanter l'amour, de chanter comme l'oiseau. Avez-vous pris conscience du bienfait de la parole et du chant? Comme il est paisible d'entendre la voix de son bien-aimé nous dire des mots tendres et doux. Comme il est aussi paisible d'entendre une voix qui chante la joie, le bonheur et l'amour. Cela vous remplit, cela vous rend heureux et joyeux. Avez-

vous aussi pris conscience que des paroles bien récitées et des paroles remplies d'amour peuvent guérir tous vos maux? Dire ou recevoir de belles paroles vous nourrit et nourrit votre âme.

Êtes-vous conscient que parler est un privilège, que Dieu vous a fait un cadeau extraordinaire? Il vous a permis de communiquer et de dialoguer. Maintenant que vous en prenez conscience, il est important d'avoir de belles paroles.

Lorsque vous êtes envahi par une émotion négative, réfléchissez à votre parole avant de la réciter. Réfléchissez aux conséquences que celle-ci provoquera. Est-ce vraiment ce que vous voulez? Vous pouvez toujours crier votre révolte. Criez-la à votre Ange personnel et celui-ci vous aidera à apaiser votre douleur émotionnelle. De plus, il vous aidera à dire les mots justes lors de votre conversation. Sa Lumière vous calmera et vous permettra de mieux exprimer vos émotions sans vous laisser emporter par la colère.

Si l'humain prenait conscience de ses paroles, il éviterait souvent des guerres et des combats inutiles. Cher enfant, prenez soin de ce don que Dieu vous a légué. Ne le perdez pas. Il est le plus précieux de vos cadeaux.

Pourquoi avons-nous cette forme physique?

Quelle forme auriez-vous aimé avoir? Nous vous trouvons très jolis. Nous pensons que l'humain est la plus belle création que Dieu a créée. Pas vous?

Pourquoi y a-t-il des différences physiques entre nous?

Que voulez-vous dire par « différences physiques »? Nous pensons que vous êtes tous semblables.

Pourquoi certaines personnes sont-elles plus jolies que d'autres, et pourquoi y a-t-il des couleurs de peau différentes?

Cher enfant, nous accordons tellement peu d'importance au corps physique. L'important pour nous, c'est la beauté de votre âme et l'accomplissement de votre plan de vie. Lorsque vous reflétez la Lumière, tout votre être s'illumine. Telle est la plus belle beauté de l'humain!

Notre corps physique change-t-il avec les époques?

Vous êtes toujours les mêmes. C'est tout simplement votre style de vie qui évolue.

Est-ce nous qui choisissons notre corps lors de nos incarnations?

Vous choisissez l'âme qui deviendra votre père et votre mère sur le plan terrestre. L'énergie de vos trois âmes formera un corps et vous habiterez ce corps.

Avons-nous toujours la même ressemblance physique d'une incarnation à une autre?

Si vous choisissez toujours les mêmes âmes pour être vos parents, votre corps ressemblera à celui de vos anciennes incarnations.

Pourquoi, dans une famille, les personnes ne se ressemblent pas du tout parfois?

N'oubliez pas que vous possédez tous une âme différente, une énergie différente. Cette énergie, combinée avec les énergies des âmes qui deviendront vos parents, forment un corps physique qui peut être identique à vos frères et sœurs ou totalement différent. C'est le mystère de la nature humaine!

L'évolution de l'homme qu'on nous enseigne en science est-elle vraie? L'homme descend-il du singe?

Vous descendez tous de la main de Dieu.

Les prochaines questions aborderont un sujet très important pour l'humain, soit sa vie amoureuse. Voici les réponses des Anges à ce sujet.

Les Anges sont partout et nous aident dans tout ce qui touche l'âme et les activités spirituelles, mais quels rapports ont-ils avec nos activités corporelles? Nous voient-ils sous la douche ou dans le bain?

Premièrement, cher enfant, sachez que l'important pour nous est de voir à ce que vous accomplissiez bien votre plan de vie. Lorsque vous réclamez notre aide, nous venons instantanément à votre secours. Toutefois, lorsque vous vaquez à des tâches quotidiennes pour lesquelles nous n'avons pas besoin d'être présents, alors nous prenons ce temps pour nous ressourcer. N'oubliez pas que nous vous respectons dans tout ce que vous entreprenez ou décidez. Il est donc très important pour nous de vous respecter dans votre intimité.

Nous allons vous taquiner un peu. Sachez que dans notre havre de paix, notre eau est divine et pure, alors nous préférons prendre un bain dans nos demeures!

De quelle façon les Anges nous guident-ils dans notre cheminement amoureux?

Nous allons vous faire quelques petites révélations angéliques! Certaines âmes se côtoient de siècle en siècle et lorsqu'elles se réincarnent, elles s'assurent que leur chemin se croisera. D'ailleurs, cela est inscrit dans leur plan de vie. Notre mission est de guider ces deux âmes à l'endroit où elles doivent se rencontrer pour qu'elles puissent commencer leur relation amoureuse. C'est la raison pour laquelle lorsque vous rencontrez votre idéal, c'est comme si vous le connaissiez déjà. Si cela vous arrive, sachez que cela fait plusieurs vies que vous partagez ensemble, autant sur le plan terrestre que céleste.

Toutefois, certaines âmes ont de la difficulté à se décider. Elles choisissent de connaître quelques âmes avant de faire leur choix définitif pour bâtir leur vie amoureuse. C'est la raison pour laquelle certains font plusieurs rencontres avant de trouver leur partenaire idéal.

Pour d'autres, leur âme amoureuse ne s'est pas incarnée, cette âme a préféré rester dans le monde angélique pour venir en aide à l'âme qui s'incarne. Il est évident que l'âme qui s'incarne cherchera toute sa vie terrestre son partenaire idéal. Elle aura de la difficulté à le trouver puisque celui-ci est demeuré parmi nous. C'est la raison pour laquelle ces personnes vivront de belles amitiés sans toutefois vivre un grand amour. Tandis que d'autres préféreront demeurer célibataires et rêver à leur idéal.

Nous sommes conscients qu'une âme a besoin d'amour sur son parcours terrestre. Il est primordial pour nous de lui envoyer une ou plusieurs âmes qui sauront l'aimer et la respecter. À moins que vous ayez préféré vous incarner sans connaître l'amour sur Terre… Si tel est votre cas, nous devons respecter votre choix. Toutefois, si vous réalisez qu'il est beaucoup plus facile et agréable de vivre à deux sur le plan terrestre, s'il nous est permis de changer ce critère de votre plan de vie, nous le ferons et nous vous enverrons cet amour que vous nous réclamez! N'oubliez pas que vos intentions peuvent changer en cours de route. Ce que vous vouliez en tant qu'âme peut devenir différent en tant qu'humain. Si cela n'entrave pas et ne nuit pas à votre plan de vie, nous aurons un grand plaisir à vous accorder ce désir essentiel pour la plupart des humains.

À la suite de cette révélation, il est conseillé à tous ceux qui veulent rencontrer le partenaire idéal de prier les Anges. Ceux-ci favoriseront la rencontre avec votre âme amoureuse. Il y a deux Anges importants à prier, soit Lelahel et Haamiah. Ils ont la mission de vous faire rencontrer votre idéal et de vous faire vivre une belle histoire d'amour! Pour plus d'informations à ce sujet, consultez *Les Anges au Quotidien*.

Vous êtes-vous déjà demandé ce que signifie l'expression « âme sœur »? Souvent, plusieurs cherchent à rencontrer leur âme sœur. Une âme sœur peut-elle être le partenaire idéal? La question qui suit nous permettra de mieux connaître la signification de ces termes.

Pouvez-vous nous donner la définition de l'expression « âme sœur » (partenaires amoureux, liens familiaux, etc.)?

Vous appelez « âmes sœurs » les gens avec lesquels vous avez des affinités. Les âmes sœurs sont des personnes avec lesquelles vous avez évolué de siècle en siècle. Ces âmes font partie de votre famille d'âmes. Avec elles, vous fondez votre famille, vos amitiés, etc. Lorsque vous établissez un contact avec l'une d'elles sur le plan terrestre, ce contact devient très important, puisque de belles amitiés naîtront comme un bel amour.

Vous êtes tous unis par un lien, par l'amour de Dieu. Vous formez tous une belle équipe, une belle famille d'amour, une famille unie. Quand il y a des siècles que les âmes se côtoient, elles cherchent à demeurer unies, elles cherchent à travailler ensemble, puisque celles qui s'aiment créent. De plus, il est beaucoup plus facile d'accomplir notre plan de vie lorsque nous sommes épaulés par nos âmes sœurs.

Lorsque vous vous incarnez, les âmes de Lumière, d'amour, nous demandent toujours d'être parrainées, d'être ensemble et de cheminer ensemble. Nous leur accordons cette possibilité, puisque vous créez ensemble. Pourquoi vous associer à une âme avec laquelle vous ne travaillerez pas et n'évoluerez pas? Nous aimons mieux vous mettre avec des âmes qui vous permettront d'avancer et d'aider votre prochain.

Mais, il ne faut pas oublier que l'Ombre existe et qu'elle cherche parfois à détruire les âmes sœurs. Toutefois, quand deux âmes sont très unies, elles sont en mesure de vaincre l'Ombre sur-le-champ.

Comment reconnaître une âme sœur lorsqu'elle vient vers nous sur le plan terrestre?

Rien de plus simple. Dès le premier échange, le premier regard, la première conversation, vous aimez cette personne sans la connaître! En peu de temps, une belle relation s'installe. Parfois, certains réaliseront qu'ils ont plusieurs points en commun, comme leur anniversaire de naissance, l'anniversaire de naissance de leurs enfants, etc.

Lorsque les deux personnes qui forment un couple possèdent une différence d'âge, pouvons-nous dire que l'amour qui les unit sur le plan terrestre est puissant sur le plan des âmes?

Effectivement. Lorsque deux âmes s'aiment et qu'elles se retrouvent, rien ne les sépare. Leur seule priorité est d'être ensemble et de s'aimer.

Que pensez-vous du grand nombre de séparations et de divorces?

Nous sommes désolés de voir autant de cœurs blessés, autant de cœurs s'aimer pour ensuite se déchirer. C'est la raison pour laquelle il est important pour l'humain de nous prier lorsqu'il vit une période difficile sur le plan émotionnel. Voyez-vous, tout ce qui se passe est en grande partie relié à l'évolution de l'humain. Et c'est l'une de vos faiblesses. Vous avez mis en priorité le travail et vos ambitions. Pour vous, la réussite de votre vie se définit par la réussite professionnelle et financière et non par la réussite familiale. Il n'est pas mal de réussir professionnellement et financièrement. Si c'est ce que vous avez choisi, alors, faites-le, mais il ne faut pas vous impliquer dans une vie amoureuse. Si vous vous engagez dans une vie amoureuse, alors celle-ci devra passer en premier lieu. N'oubliez pas que vous grandissez ensemble, que vous formez une équipe. Une équipe possède plus de chance d'aller de l'avant et d'atteindre les buts qu'elle se fixe. Il est beaucoup plus facile pour vous d'harmoniser la vie familiale et la vie professionnelle lorsque votre union est basée sur le respect, l'entraide et l'amour. Lorsque votre vie familiale est bien réussie, le reste s'accomplit tout seul!

Toutefois, nous sommes aussi conscients qu'il y a des humains qui forment un couple dans lequel l'un des deux partenaires n'avance pas ou est submergé par l'Ombre. Il n'est pas facile pour l'être qui veut former une équipe avec son partenaire d'accéder à un refus de sa part. Lorsque vous formez un couple, les deux personnes doivent avancer dans la même direction et se mettre au diapason. Si l'un recule, l'autre doit l'aider à avancer. L'amour, le dialogue et la compréhension sont les meilleurs remèdes pour lui permettre d'avancer. Toutefois, si cet être recule continuellement, qu'il ne veut pas avancer ni former une équipe et qu'il est submergé par l'Ombre, il est inutile pour l'autre partenaire de demeurer dans cette situation. Il est évident qu'après plusieurs tentatives, celui-ci cherchera à s'établir ailleurs pour pouvoir trouver son idéal et former son équipe.

Donc, pour pouvoir créer un foyer avec des bases solides sous le signe du respect mutuel, de l'entraide, de la compréhension et de l'amour, nous ne pouvons pas « juger » cet être parce qu'il choisit de quitter son partenaire, puisque celui-ci ne veut pas s'impliquer en profondeur dans son union.

Lorsque nous nous faisons la promesse d'unir nos destins et de bâtir ensemble le havre d'amour, nous devons tenir notre promesse. Au début d'une relation, plusieurs couples se font la promesse de s'aimer et de s'entraider autant dans les moments faciles que difficiles. Toutefois, on réalise que l'un deux ou les deux ne tiennent pas toujours cette promesse.

Lorsque vous contemplez un magnifique jardin rempli de belles fleurs et d'arbres majestueux, réalisez-vous que ce havre de paix a nécessité des années de travail pour être digne de sa beauté? Le jardinier y a mis plusieurs heures de sacrifice, de persévérance et de patience pour parvenir à vous offrir cette beauté. Sa détermination, sa persévérance et sa patience lui ont permis de récolter les fruits de son labeur, d'avoir la fierté d'être le créateur de cette belle réussite. Il en est de même avec votre relation et votre union. Il faut parfois plusieurs années de travail, de persévérance, de patience et d'amour pour parvenir à obtenir un havre de paix. Toutefois, lorsque vous l'aurez atteint, vous serez fier et digne de votre réussite.

Cela dit, lorsqu'un couple se déchire et qu'il n'évolue plus, il est préférable que ses partenaires se séparent et puissent trouver mutuellement l'idéal qui les aidera à évoluer. Lorsque l'Ombre s'installe dans une relation, cela peut devenir très dangereux pour cette union. C'est la raison pour laquelle il est important de nous prier lors de cette dure épreuve de votre vie. Notre mission sera de vous aider à mieux accepter la situation et à trouver votre idéal, si telle est votre demande.

Souvent, lorsque nous formons un couple, nous espérons que notre union dure toute la vie. Il n'est donc pas facile de surmonter l'épreuve de la séparation. Nous nous interrogeons alors sur les raisons de cet échec. Certains partenaires s'accusent même mutuellement de l'échec de leur liaison. Qui a raison? Parfois, les éléments déclencheurs sont liés aux problèmes financiers, au travail, à notre absence, à l'éducation des enfants.

La meilleure recette pour surmonter l'échec d'une relation est certainement de prier les Anges afin qu'ils nous aident à apaiser notre douleur et à mieux construire notre prochaine union en déterminant nos priorités. Le respect, le dialogue et l'amour se trouvent souvent à la base de couples solides.

Ne vous gênez pas pour demander aux Anges de trouver votre partenaire idéal. Il peut s'écouler quelque temps avant que vous croisiez cette personne. Cela dit, lorsque vous l'aurez rencontrée, votre rêve deviendra réalité et votre couple aura de belles chances de survivre aux épreuves de la vie.

L'humain évolue vite et ses priorités changent. Le travail occupe souvent une grande partie de sa vie et il lui reste peu de temps pour les activités. Et il lui reste peu d'énergie pour sortir et consacrer du temps à sa famille. Il préfère rester à la maison et relaxer.

Il est vrai que l'humain évolue trop vite et que ses priorités ont changé. La vie n'est pas ce qu'elle était déjà. L'humain doit travailler et subvenir aux besoins de sa famille. Le travail occupe une grande partie de sa vie. Il ne lui reste pas beaucoup de temps pour les activités. Après une dure journée de travail, l'humain n'a plus l'énergie de sortir et de consacrer son temps libre à des activités familiales ou autres. Il préfère rester à la maison et relaxer. Les enfants sont élevés par des étrangers. Ce n'est pas qu'on le veuille, mais le choix qu'on a choisi nous y oblige.

De plus, plusieurs humains misent davantage sur leur réussite professionnelle et financière que sur leur réussite familiale. Je pense que la réponse des Anges devrait nous aider à mieux y réfléchir. Lorsqu'on priorise notre vie professionnelle, il y a de fortes chances que notre union en souffre. Il serait peut-être sage de réfléchir à nos priorités, si on veut éviter une catastrophe dans nos amours.

Toutefois, il est important de retenir l'exemple du jardin cité par les Anges et de tenir compte de la phrase suivante : « Lorsque la vie familiale est bien réussie, le reste s'accomplit tout seul! » Si vous mettez l'accent sur votre vie familiale, vous obtiendrez tout ce que vous désirez dans les autres domaines.

Pour le bien de votre être et la réussite et la survie de votre union, consacrez une, deux ou trois journées par semaine à des activités ou à des sorties familiales. Et respectez ces moments. Ce faisant, vous aurez d'excellentes chances de combiner votre vie familiale et professionnelle.

Lorsque survient une tempête dans votre vie amoureuse et familiale, n'hésitez donc pas à faire appel aux Anges. Ceux-ci viendront rapidement vous aider à vous relever de cette tempête. Ils vous aideront à vous diriger vers un lieu plus sécuritaire et plus en harmonie avec ce que vous recherchez.

Le prochain chapitre est important puisque nous aborderons la mort. À quel endroit notre âme se dirige-t-elle après le décès de notre corps physique? Nos défunts sont-ils présents? Nous font-ils signe? Sachant que ce sujet en intéresse plusieurs, les Anges se font un devoir de répondre clairement à toutes les questions reliées au deuil.

Chapitre VI

De la naissance à la mort

Avant d'aborder la mort, commençons donc par la naissance, celle de l'âme, celle de l'humain. Notre date de naissance est prévue et tout est bien organisé dans la sphère céleste. Cela dit, qu'arrive-t-il à ceux qui naissent prématurément? Est-ce voulu? Et qu'en est-il de ceux qui doivent utiliser des moyens scientifiques et médicaux pour la naissance d'un enfant? Est-ce permis par la sphère céleste? Voici donc les réponses des Anges par rapport à ces sujets.

Considérant que la date de naissance est très importante pour le milieu angélique, quel est l'impact de la planification des naissances et de l'intervention chirurgicale (césarienne) sur l'être humain? Nuisent-elles à son plan de vie?

Comme nous l'avons mentionné, l'humain évolue très vite. L'humain crée. Il fait des recherches avancées pour mieux comprendre le processus de la vie humaine. Nous sommes conscients que pour pourvoir à la santé de l'humain, il est important de bien comprendre l'anatomie de celui-ci. C'est la raison pour laquelle nous aidons les chercheurs à trouver les remèdes et les solutions adéquates pour guérir et soulager l'humain de ces maux.

Sachez qu'aux yeux de Dieu, sa création est très importante. Celui-ci s'assure que les Anges pourvoient à tous ses besoins, surtout ceux de son corps physique. N'oubliez pas que votre corps physique est le véhicule important de l'âme. Si le corps n'existait pas, l'âme ne pourrait s'y abriter. Dieu est conscient que votre véhicule a besoin de soins, d'amour, de tendresse et de nourriture pour son bon fonctionnement. C'est la raison pour laquelle il s'organise pour que la Terre vous donne toutes les provisions nécessaires pour le bien-être de ce véhicule.

Pour bien répondre à votre question, sachez que si l'enfant qui naît par césarienne arrive à une date différente, c'est que nous l'avons accepté. Si nous ne l'avions point accepté et que cela avait entravé son plan de vie, l'enfant n'aurait pas pu naître. Lors de l'intervention, il y aurait eu complication et l'âme reviendrait vers nous. Si l'enfant naît et que tout est en beauté, c'est que nous l'avons accepté. Si l'enfant meurt à la naissance, c'est que cela entravait son plan de vie. Cette âme reviendra vers vous, mais sa date de naissance sera différente de la précédente.

Est-ce la raison pour laquelle un enfant naît prématurément, puisque sa date de naissance est différente de ce qui était prévu?

Lorsque l'âme descend sur Terre, qu'elle a sa tâche d'incarnation, elle vient avec un plan de vie. Si, lors de sa vie précédente, cette âme a éprouvé plusieurs difficultés sur son parcours de vie, il se peut qu'à la dernière minute, le clan angélique décide d'envoyer cette âme à un niveau inférieur ou au même niveau pour parfaire son plan de vie. Toutefois, si cette âme a bien travaillé et que nous jugeons qu'elle sera apte à accéder à un niveau supérieur, alors nous la dirigeons vers ce niveau supérieur. C'est la raison pour laquelle l'âme viendra au monde prématurément et qu'elle commencera son incarnation dans un niveau différent avec un Ange différent.

Que pensez-vous de l'insémination artificielle? Êtes-vous d'accord avec ce procédé?

Voyez-vous, cher enfant, pour l'homme et la femme qui désirent un enfant, la création est importante. Dans le processus que vous venez de mentionner, il n'y a pas d'infidélité. Il y a de l'amour. La science est venue aider ces êtres à « procréer » leur amour grâce à la venue de cet enfant. Si nous étions en désaccord, nous n'aurions point permis à la science de trouver une façon scientifique de le faire. Lorsque l'enfant est conçu dans l'amour ou est attendu avec amour, alors il y a acceptation et nous sommes heureux de voir que ces êtres le sont aussi.

Pourquoi un couple ne peut-il pas enfanter? Est-ce que cela fait parti du plan de vie des partenaires?

Nous savons combien il est pénible pour un couple de ne pas pouvoir donner vie à la vie. Souvent, les gens qui forment ce couple nous tournent le dos. Ils nous blâment puisque nous ne leur accordons pas ce privilège. Il est important pour ces êtres de savoir que cette situation pénible est effectivement reliée à leur plan de vie. Il y a plusieurs raisons, que nous ne trouvons pas pertinentes de vous révéler, les empêchant d'enfanter. Ces personnes ne doivent pas penser qu'elles sont mauvaises, au contraire. Nous savons que ce sont des âmes bonnes et pures. Mais, nous devons respecter leur plan de vie. La force d'un tel couple réside souvent dans l'amour que les partenaires se donnent mutuellement. Ce couple est souvent formé d'âmes sœurs qui cheminent ensemble. Elles ne peuvent vivre l'une sans l'autre. Elles ont besoin de l'une comme de l'autre pour bien atteindre leur but et pour bien accomplir leur plan de vie. Souvent, avant de s'incarner, ces êtres ont décidé de ne pas enfanter pour mieux aider leur âme à cheminer. Elles sont des âmes complices. Elles savent qu'elles devront faire de grands sacrifices mais elles le font parce qu'elles s'aiment. Voyez-vous, dans un tel couple, il y a toujours l'un deux partenaires qui a plus de difficultés dans la vie. L'autre doit l'aider à s'accomplir et à être bien. Il doit l'aider à monter les échelons dans l'Arbre de la vie. Voyez-vous l'amour qui existe entre eux? Un amour divin. Lorsque l'âme qui était en difficulté réussit son plan de vie, lors d'une prochaine incarnation, nous accorderons à ce couple la joie d'enfanter et de donner naissance à plusieurs enfants!

Il arrive parfois qu'un miracle puisse se produire grâce aux Anges de la fertilité, tel qu'Omaël. Lorsqu'un miracle se produit, c'est que l'âme a bien accompli un critère de son plan de vie!

Que pensez-vous de l'adoption? Est-ce que cela peut nuire au plan de vie?

Pourquoi cela nuirait-il? Au contraire, vous permettez à un enfant de grandir dans l'amour d'un foyer. Ainsi, vous l'aidez à s'éloigner de l'Ombre.

La date de naissance a un lien avec notre Ange. Notre prénom a-t-il aussi un impact sur le plan angélique?

Vous parlez du prénom que vous avez choisi, que vos parents ont choisi. Avant de descendre sur Terre, vous savez, vous regardez les prénoms qui existent, alors vous dites : « J'aimerais m'appeler Nathalie », mais souvent, le prénom a aussi eu un impact dans vos vies antérieures. Il y a parfois des prénoms qui sont inversés. Il y a parfois des prénoms qui se ressemblent. Il y a même des prénoms qui restent les mêmes. Mais cela n'a aucun lien avec votre plan de vie. Cela a un lien avec votre choix personnel d'âme.

D'après les réponses que nous venons de recevoir, Dieu, sachant que l'humain évolue, s'organise pour l'aider dans ses recherches en ce qui concerne le corps et la procréation. Toutefois, les Anges sont en désaccord avec le clonage humain. Il y a un passage à ce sujet dans *La Bible des Anges*.

Plusieurs personnes se demandent ce qui se passe après la mort. Certains croient à la réincarnation, d'autres pas. Qu'arrive-t-

il alors à notre âme? Peut-elle encore communiquer avec les gens qu'elle a aimés sur Terre? Doit-elle s'incarner immédiatement? Et quels sont les signes que nos défunts utilisent lorsqu'ils viennent vers nous? Puis, les dérangeons-nous lorsque nous réclamons leur aide? Pourquoi ces êtres ont-ils quitté la Terre? Pourquoi ne pouvons-nous pas les voir ni leur parler? Eux, nous voient-ils?

Toutes ces questions nous rendent vulnérables puisque nous aimerions savoir ce qui se passe après la mort. Nous souhaiterions au moins savoir si nos défunts sont heureux. Les prochaines réponses élucideront donc le mystère de la mort. À nous d'y croire ou pas. Cela dit, les Anges nous font des révélations importantes afin que nous puissions mieux comprendre la mort et ses mystères.

Auriez-vous l'obligeance d'expliquer le cheminement de l'âme à la suite du décès?

Si nous devons vous expliquer ce cheminement, nous devons être parmi vous pendant quelques jours consécutifs. Nous vous taquinons. Nous allons expliquer, brièvement, la transition du corps physique, du corps de l'humain, vers notre demeure.

L'humain vient sur Terre pour apprendre. L'âme habite un corps. Ensemble, le corps et l'âme doivent avancer, faire avancer l'humanité, faire pour vous l'« école de la vie ». Vous possédez un parchemin avant de venir sur Terre. Nous vous donnons votre itinéraire que nous vous demandons de bien respecter. Nous vous donnons un itinéraire que votre âme est en mesure de respecter et d'accomplir. Nous ne vous donnerons pas un itinéraire si vous n'êtes point capable de l'accomplir.

Tout est établi. Votre parcours est établi : l'aide qui viendra vers vous, les âmes sœurs qui viendront vous aider, vous soutenir lors de votre vie terrestre, tout est en coordination. Nous vous donnons les outils pour bien faire cette vie terrestre. Vous avez tout ce qu'il faut pour réussir votre vie terrestre et nous sommes là avant de partir. *Nous vous disons que nous sommes présents. Nous sommes avec vous.*

N'oubliez pas de nous prier lorsqu'une embûche arrivera, et nous vous donnerons la solution pour vous en libérer. Tout est en accord, tout est en harmonie, mais quand vous vous incarnez, l'Ombre existe et, parfois, l'humain crée ses propres problèmes et, parfois, l'humain n'emprunte pas les chemins qu'il doit emprunter, alors sa vie devient pénible. Toutefois, si l'humain nous prie, nous le ramenons toujours dans son plan, nous le ramenons sur son chemin.

Quand l'âme doit quitter le corps physique et revenir vers nous, à ce moment-là, nous venons la chercher, nous l'amenons dans une demeure que nous appelons le « jardin des âmes ». Ensuite, son Ange personnel lit son itinéraire, s'assoit avec elle et lui fait voir sa vie tout en lui expliquant l'itinéraire qu'il avait fait. Ensemble, ils regardent si tout a été bien accompli. Ensemble, ils décident si certains aspects doivent être recommencés. Quand il y a des discussions, si l'âme n'est point d'accord avec l'Ange sur certains aspects, alors il y aura un comité, et tout sera évalué, et quand le tout sera réglé, et que ce sera accepté dans sa prochaine incarnation, l'âme reviendra dans le jardin des âmes et elle protégera les siens.

Nous voulons ajouter, toutefois, que lorsque l'âme quitte son corps physique, elle demeure avec les siens. Elle se promène. Nous l'autorisons à dire adieu aux siens pendant quatorze jours humains et, quelquefois, nous pouvons lui accorder jusqu'à vingt et un jours. Cet être se promènera d'un endroit à l'autre accompagné par son Ange personnel. Lorsque sa tournée d'adieu sera accomplie, l'Ange personnel le dirigera vers sa nouvelle demeure qu'est le jardin des âmes où une fête l'attend. Tous ceux que l'âme a aimés sont dans le jardin des âmes et l'attendent. C'est la fête. L'âme est attendue.

Voyez-vous, nous voulons lui souhaiter la bienvenue. C'est comme vous, humain, quand un enfant naît. Vous faites la fête pour souhaiter la bienvenue à cet enfant parmi vous. Nous, quand l'âme quitte le corps et revient vers nous, nous fêtons. Toutes les âmes qui ont cheminé avec cet être l'attendent et fêtent. Elles s'amusent et se remémorent des événements de leur dernière incarnation. Ensuite, l'âme doit venir vers nous et purifier son corps, et purifier son âme. Quand nous parlons de corps, nous parlons de corps hérétique. Durant cette période, l'âme se repose. Ce moment est l'un des plus sublimes. L'âme l'adore! Cette âme peut demeurer des jours ou des mois dans cet état d'allégresse. C'est la raison pour laquelle certains membres de sa famille terrestre ne ressentent plus son énergie. Ils pensent que leur défunt les a abandonnés puisqu'ils ne rêvent plus à celui-ci. Alors, nous disons à ces êtres de ne pas s'inquiéter. Le défunt est en période de repos. Lorsque celui-ci sortira de cet état, il reviendra vers vous. Il vous fera signe.

Cependant, si un membre de sa famille terrestre lui réclame de l'aide et qu'il pleure sa perte, l'Ange personnel du défunt prendra la relève et aidera cette personne qui vit dans la détresse. Il l'aidera à accepter la mort de son proche. Lorsque l'âme de ce défunt sortira de son repos, l'Ange personnel lui fera part de tout ce qui s'est produit durant son repos. Ainsi, l'âme du défunt ira réconforter son proche. Ce défunt utilisera une situation pour faire comprendre à son proche qu'il est revenu et qu'il prend soin de lui. Il lui fera signe, soit en envoyant sur son chemin une musique qu'il aimait, soit en faisant sonner le téléphone, soit en lui faisant trouver une pièce de monnaie, soit en lui envoyant une odeur particulière, soit en envoyant des oiseaux qui lui chanteront une sérénade, soit en venant le voir durant son sommeil. Qu'importe le signe que ce défunt utilisera. Il s'organisera pour que son proche comprenne qu'il est présent dans sa vie. Même s'il ne possède plus de corps physique, son âme y est, et cette âme se promène avec lui.

Quand un proche réclame l'aide de son défunt et que celui-ci est dans la maison de la purification, puisqu'il doit purifier son âme, ses peines, ses doutes, ses émotions négatives, il ne peut joindre ses proches. C'est la raison pour laquelle c'est l'Ange personnel qui agira pour le bien, qui prendra la relève, et quand l'âme sera disponible, son Ange personnel lui racontera tout. Comprenez-vous que nous ne laisserons et n'abandonnerons jamais un être qui réclame l'aide de son proche défunt ou de son Ange.

Quant à l'âme, pendant les quatorze jours, elle sera présente comme si elle n'avait jamais quitté la Terre. Il y aura fête, célébration. Après les quatorze jours, nous devons purifier l'âme, nous devons évaluer son passage sur Terre, ce qui a été accompli, alors tout dépend vraiment de l'âme. Si l'âme prend des jours ou des mois, alors sachez que l'Ange personnel de cette âme travaillera pour cette âme.

Durant que l'âme se repose, un comité évalue son parcours sur le plan terrestre. Il devra juger si cette âme monte à une nouvelle étape, à un nouveau Chœur, ou si elle doit recommencer son étape. Ce comité est composé d'Archanges puisque ces Êtres ont une grande résonance. Ils sont en mesure d'évaluer la vie terrestre de l'humain. Melkisédeq, Métatron et Sandalphon sont les chefs de ce comité puisqu'ils connaissent les vies humaines, puisqu'ils sont ceux qui détiennent l'Arbre de vie, le livre de la vie. Ils sont en mesure de vérifier si l'humain a bien accompli son plan de vie. Ils sont en mesure d'indiquer à l'humain s'il l'a bien accompli ou non.

Quand l'âme sortira de sa purification, son Ange personnel lui fera part de la décision du comité. Si cette âme est en accord, elle ira immédiatement dans le jardin des âmes pour rester en contact avec ses proches. Elle vaquera à ses nouvelles tâches. Si elle est en désaccord, elle devra se rendre dans la maison de la justice et défendre sa cause. Son Ange personnel agira à titre d'avocat. Nous ne donnons pas trop de détails à ce sujet pour l'instant. Toutefois, nous le ferons dans un avenir rapproché.

Voyez-vous, nous savons qu'il y a des humains qui vont sûrement, en lisant ces passages, penser ceci : « Voyons, nous sommes des milliards d'humains ! » S'il y a un million d'âmes qui montent au ciel et que toutes ces âmes ont besoin de ce comité, combien de temps cela prendra-t-il pour pouvoir leur répondre ?

Sachez qu'il y a ce type de comité dans chaque endroit où la vie existe. Métatron et Melkisédeq peuvent être à mille lieux à la fois. Leur mission est indispensable.

Nous allons vous donner un exemple humain. Sur Terre, il y a des gens qui enfantent des jumeaux, des triplés, des quintuplés, alors Dieu a fait de Métatron peut-être des centuplés. *Nous ne savons point si nous pouvons dire ce mot. Ce que nous essayons de vous dire, c'est que l'énergie de Métatron peut être dans plusieurs Êtres de Lumière. Nous ne savons pas si vous êtes en mesure de comprendre notre genèse.*

Ce que nous essayons de vous dire, c'est que lorsque l'âme vient vers nous, elle se dirige à un endroit particulier, géré par tous ces Êtres de Lumière qui ont un autre endroit semblable, dans la même Lumière et dirigé sous la même forme.

Pour nous, le Paradis est infini, grandiose. Nous ne pouvons expliquer en termes humains ce que nous sommes ni notre demeure ou comment grandiose est notre demeure.

Ce que nous essayons de vous dire, c'est que lorsque l'âme vient vers nous, elle se dirige vers un endroit particulier qui lui a été assigné avant de s'incarner. Ce lieu se trouve partout où la vie existe. Nous allons vous donner un exemple humain. Vous avez un pays. Dans ce pays, il y a des provinces, des États. Dans ces provinces ou ces États, il y a des villes, des villages. Chaque ville possède sa propre énergie, son emblème. Chaque ville possède son propre « chef ». Cependant, tous les chefs travaillent pour la même cause : le bien-être de leur ville. Et ils doivent rendre des comptes au chef de leur province. Et ce dernier doit en rendre au chef de son pays. Sachez qu'il en est de même dans notre monde angélique. Nous espérons que cet exemple vous aide. Pour nous, le Paradis est infini, grandiose. Nous ne pouvons expliquer en termes humains ce que nous sommes ni comment est notre demeure ou comment grandiose est notre demeure. Par contre, sachez que nous avons plusieurs demeures pour y abriter nos âmes et que toutes ces demeures sont dirigées par tous les Êtres de Lumière qui ont comme mission la vie de l'humain. Ceux-ci voient au bien-être de l'âme. Tout se planifie à cet endroit. La date de la prochaine incarnation, le pays où la ville où cette âme s'incarnera, l'Ange personnel, la famille d'âmes qui l'accompagnera, la date du retour, etc.

Chaque endroit possède trois demeures importantes. Il y a le jardin des âmes, le jardin des Anges et la maison de la justice. Générale-ment, toutes les âmes se dirigent dans le jardin des âmes. Lorsque celles-ci sont à cet endroit, il leur est beaucoup plus facile de commu-niquer avec leurs proches sur Terre. L'âme peut aller voir les siens. Ce que nous essayons de vous dire, c'est que les défunts peuvent toujours communiquer avec ceux qui demeurent sur Terre, et ce, tant et aussi longtemps qu'ils demeurent dans le jardin des âmes. La journée où l'âme changera de demeure et ira dans le jardin des Anges, elle ne pourra plus communiquer avec les siens. Cela dit, cette âme coupera le fil énergétique qui la relie à ses proches. À la suite de cette coupure, plusieurs proches ne sentiront plus le besoin de prier leur défunt ou de lui réclamer de l'aide. En général, l'humain sait que son défunt n'est plus dans le jardin des âmes. Plusieurs diront qu'ils ne sentent plus leur défunt, qu'ils ne le voient plus. Si tel est votre cas, il y a de fortes chances que votre défunt ait changé de demeure. Il est parti dans le jardin des Anges pour se préparer à sa prochaine incarnation.

Savez-vous que l'âme garde toujours l'image de sa dernière incar-nation? Ainsi, quand elle vient vers son proche sur Terre, ce dernier peut la reconnaître, et quand un proche quitte la Terre et qu'il revoit cette âme, il la reconnaît immédiatement. C'est la raison pour laquelle plusieurs âmes sont présentes auprès de celui qui quittera la Terre. Ne soyez pas surpris de voir une personne mourante vous dire qu'elle a vu sa mère, sa sœur, son enfant, son conjoint, puisque ceux-ci l'accompa-gneront vers sa nouvelle demeure. Nous savons que tous les humains sont effrayés par la mort. Ils ont peur d'être seuls. Ils ne veulent pas abandonner leurs proches. Plusieurs sont encore attachés à leur bien terrestre. Pour les aider à mieux abandonner le plan terrestre, nous autorisons tous leurs défunts à venir à leur rencontre. Il est beaucoup plus facile de quitter le plan terrestre lorsque nous savons que la vie continue dans l'autre univers. Il est toujours agréable pour l'âme de revoir les siens dans le jardin des âmes. N'oubliez pas qu'il est toujours agréable de retourner à la maison familiale, là où votre âme a pris naissance.

Ce que vous venez de nous mentionner confirme qu'à la suite du décès, l'âme du défunt possède le privilège de toujours être disponible pour ses proches, à leur demande et où qu'ils soient?

Si l'âme du défunt se dirige dans le jardin des âmes, elle sera toujours disponible pour aider ses proches lors de demandes. Souvent, les âmes s'entraident. Autrement dit, si vous demandez l'aide à l'un de vos parents, il y a de fortes chances qu'une tante, un oncle, un frère, une sœur ou une personne décédée prêtent main-forte à votre défunt. Tous travailleront pour vous venir en aide!

L'âme de nos défunts a-t-elle besoin de nos prières?

Chaque âme a besoin de prières. Lorsque vous adressez une prière à votre défunt, c'est signe que vous pensez à lui. C'est comme lui donner un cadeau. Celui-ci sera très fier de recevoir cette prière. De plus, si l'âme est perturbée pour mille et une raisons, sachez que vos prières vont la réconforter. Vos prières l'aideront à retrouver le chemin de la Lumière.

Que pensez-vous des méthodes utilisées pour nous défaire du corps humain, par exemple l'incinération ou l'inhumation? Devons-nous attendre un certain temps avant de nous défaire de ce dernier?

Le corps est un véhicule. L'âme conduit son corps pour atteindre ses buts ou pour accomplir son plan de vie. Qu'importe ce que vous ferez avec le corps, l'important est que l'âme, en tant qu'humain, soit en accord avec la façon avec laquelle son corps sera « détruit ». Qu'importe s'il est brûlé ou inhumé. Pour nous, l'important est ce que l'âme a accompli. L'important est que l'âme revienne chez elle. Le corps est important pour l'âme puisqu'elle y a habité, mais arrivera un jour ou elle habitera un autre corps. Ce que nous voulons vous dire, c'est qu'aux yeux des Êtres de Lumière, aux yeux de Dieu, le corps est important, mais le plus important est l'âme et ce qu'elle aura choisi pour son corps.

Les entités ou les défunts sont-ils accompagnés par leur Ange gardien respectif jusqu'à la réincarnation de l'âme ou ces derniers quittent-ils l'humain au décès, car c'est la fin d'une mission?

Les entités ou les défunts sont les mêmes, donc les défunts. Parlez-vous de l'Ange personnel ou de l'Ange qui gouverne le Chœur? En ce qui concerne votre Ange personnel, celui-ci sera toujours présent à vos côtés. Votre Ange personnel vous quittera au moment où vous allez vous réincarner, à moins que vous ne désiriez qu'il demeure encore avec vous lors de votre prochaine incarnation.

Quand l'humain aura réussi son étape, son plan de vie, il se dirigera vers un autre Chœur, avec un Ange de Lumière différent, puisque sa mission de vie sera reliée à ce nouvel Ange. Lors de la transition, son Ange personnel l'accompagnera continuellement. Cependant, si l'Ange personnel ne se sent pas prêt ou à la hauteur de la prochaine incarnation de son enfant, alors un autre Ange personnel lui sera confié.

Généralement, la plupart des humains aiment cheminer, de vie en vie, avec le même Ange personnel, puisque ce dernier les connaît bien. Il y a aussi des Anges personnels qui préfèrent demeurer avec le même humain, de vie en vie, car cet être leur est très cher. Mais, il y aussi des humains qui préfèrent avoir des Anges personnels différents pour évoluer différemment.

Comme sur Terre, il y a parfois des humains qui veulent voir et explorer plusieurs horizons. La visite de plusieurs horizons amplifie leurs connaissances, ce qui leur permet de voir la vie sous différents angles. De plus, ces êtres acquièrent de belles expériences dont ils sont fiers. Cela les gratifie intérieurement. Tandis que d'autres humains préfèrent demeurer au même endroit, faire les mêmes choses, et cela est bon aussi. Il en est de même avec l'Ange personnel, et l'Ange qui veille sur vous peut changer, comme il peut demeurer toute une éternité.

Les Anges demeurent-ils avec les humains qui se suicident afin de les aider à visiter le monde terrestre?

Nous ne comprenons pas vraiment le sens de votre question. Vous demandez si nous demeurons avec une personne suicidaire ou une personne qui s'est suicidée?

L'Ange qui accompagne la personne qui s'est suicidée continue-t-il de l'aider pour aller visiter les gens qui sont restés sur Terre?

Plus tôt, nous vous avons parlé de nos trois importantes demeures. Il y avait le jardin des âmes, le jardin des Anges et la maison de la justice. Lorsqu'un humain s'enlève la vie, son âme est dirigée automatiquement vers la maison de la justice. Cette âme devra justifier les raisons qui l'ont poussée à s'enlever la vie. Son Ange personnel agira à titre d'avocat. Il défendra sa cause. Si son suicide est accepté, cet être pourra par la suite retourner au jardin des âmes, ce qui lui permettra de retourner voir les siens sur Terre, et son Ange le suivra. Par contre, si son suicide n'est pas accepté, il ne peut retourner au jardin des âmes. Il ne peut revoir les siens. Il doit prendre soin de son âme. Par la suite, il devra se diriger vers sa nouvelle demeure, vers une nouvelle famille d'âmes. C'est ce qui est le plus pénible et le plus difficile chez l'âme, soit perdre sa famille. Cependant, si cette âme se conduit bien, arrivera un temps où, sur son chemin terrestre, nous lui donnerons accès à des êtres qu'elle a connus dans ses vies passées et qui ont fait partie de sa famille d'âmes. Elle pourra renouer avec les siens.

Il est évident que si un suicide n'est pas accepté, c'est que l'humain s'est enlevé la vie à plusieurs reprises. Il s'est laissé submerger par l'Ombre. L'être qui fait partie du Chœur des Trônes et qui s'enlève la vie a de fortes chances que son suicide ne soit pas accepté et qu'il doive recommencer la première étape.

Nous allons vous faire une révélation angélique. Si les proches de ce défunt qui s'est enlevé la vie prient pour son âme, toutes les prières lui seront adressées. Ces prières réconforteront et élèveront son âme. Ces prières l'aideront à retrouver le chemin de la Lumière. Si cette âme s'est réincarnée, toutes ses prières l'aideront à s'éloigner de l'Ombre. Si l'âme est toujours parmi nous, le comité angélique lui donnera la permission de retourner au jardin des âmes et de veiller sur les siens.

Comment les Anges peuvent-ils aider les gens qui perdent un enfant?

Nous savons que la pire épreuve que l'humain puisse subir est la perte d'un enfant. Nous savons que cette douleur est inoubliable et qu'elle restera marquée à tout jamais dans son cœur. C'est la raison pour laquelle nous disons à cet être de nous prier. Notre mission sera d'apaiser cette douleur insoutenable qui l'empêche d'avancer et de vivre sereinement sa vie. Notre Lumière réconfortera son cœur meurtri. Nous guiderons les pas de cet être vers une activité, une situation qui l'aidera à chasser de son esprit cette douleur.

Lorsque cet être reprendra vie, nous lui enverrons de petits cadeaux. Nous lui permettrons de revoir cet enfant chéri à travers un rêve ou un signe particulier. Mais, tant que cet être souffrira à cause de l'absence de son enfant, nous ne pourrons pas lui permettre un contact avec son enfant étant donné que cela ne l'aidera point. Nous voulons aider cet être à s'épanouir à travers cette dure épreuve et non à se détruire.

Pourquoi Dieu permet-il ce genre de situation? Pourquoi vient-il chercher nos enfants?

Les paroles que nous allons vous transmettre risquent d'être très difficiles à lire pour ceux qui ont perdu un enfant. Avant de vous incarner, votre âme a accepté de vivre cette épreuve pénible et très difficile, sachant que vous auriez le privilège de connaître un Ange.

Un enfant qui quitte la Terre avant vingt et un ans est un Ange venu à votre rencontre. Il a appris à vous connaître sur le plan humain. À son décès, il retournera prendre sa place auprès de vous comme votre Ange le plus précieux. Celui-ci sera en compagnie de votre Ange personnel. Si votre enfant meurt après vingt et un ans, vous avez alors permis à une âme d'accomplir son plan de vie et de le réussir.

Que pensez-vous du rituel de mettre des fleurs ou des croix sur le bord de la route en mémoire des humains décédés lors d'accidents de voiture?

Ce rituel vous appartient. Nous pensons que ce rituel vous permet d'atténuer votre peine. Voyez-vous, nous ne pouvons pas juger. Nous ne jugeons pas. Nous vous aimons, cher humain. C'est votre évolution, c'est votre façon de voir la vie, c'est votre façon d'exprimer vos émotions. Si l'humain met des fleurs à l'endroit où son défunt a rendu l'âme et qu'il est en paix avec ce geste, alors nous sommes en accord. Toutefois, sachez que l'âme, peu importe l'endroit où elle meurt, est conduite par son Ange exactement à l'endroit où elle doit être. Mais l'âme revient parfois voir ce que vous avez fait. Nous cherchons un mot. Nous ne pouvons pas dire « tombeau ». Pouvons-nous dire « autel »? Peut-être est-ce un autel pour votre défunt, puisque vous avez érigé parfois une croix, mis une photo, des fleurs.

Votre défunt aime ce que vous avez fait, mais votre défunt, parfois, trouve difficile de voir que vous avez de la peine chaque fois que vous allez à cet endroit. Pour répondre à votre question, cher enfant, nous vous disons que lorsqu'un geste est fait avec la paix dans le cœur, nous comprenons que lorsque vous êtes humain et que vous perdez un être qui vous est cher, la peine soit très intense, et si vous érigez un autel en la mémoire de ce défunt et que cela vous permet d'atténuer votre peine, alors nous vous soutiendrons. Si, par contre, cela augmente votre peine, alors nous vous aiderons à moins vous diriger vers cet endroit.

Il est difficile pour nous d'exprimer nos émotions et d'être mis devant cette question que vous nous posez, car pour nous, l'important est le geste que l'humain fait envers le défunt. Toutefois, l'humain doit savoir que l'âme du défunt ne reste pas prise à cet endroit, que l'âme du défunt n'est pas continuellement à cet endroit, que l'âme du défunt est avec nous et qu'elle va de temps en temps voir son autel. Si son proche verse des larmes, elle sera présente à ses côtés, mais qu'importe l'endroit où le corps est logé, qu'importe l'endroit où l'autel est érigé. Cela n'a pas d'importance pour l'âme. L'important est que son humain soit en paix dans son cœur.

Qu'arrive-t-il à l'âme de l'humain qui meurt subitement ou accidentellement? Est-elle désorientée? Est-elle frustrée de quitter la Terre si brusquement sans avoir eu le temps de dire « au revoir » aux siens?

Il est évident que l'âme a du chagrin de quitter brutalement les siens. Il n'est jamais facile d'abandonner sa famille terrestre, comme sa famille céleste d'ailleurs. À ce moment-là, la mission de l'Ange personnel est de réconforter cette âme en peine. De plus, plusieurs défunts viendront aussi à sa rencontre et ils la supporteront dans sa peine. Lorsque l'âme revoit les défunts, cela la réconforte et la remplit de joie. Il ne faut pas oublier que l'âme restera quatorze jours sur Terre pour faire ses adieux aux siens avant d'entrer dans la demeure de Dieu. Ces quatorze jours lui sont très précieux et les Anges les respectent. Lorsqu'elle rend visite aux siens sur Terre, un ou plusieurs défunts l'accompagnent. Il faut peu de temps pour que la peine s'estompe et fasse place à la joie de revoir les siens au jardin des âmes.

Pourquoi une âme errante existe-elle? Comment peut-on la ramener vers la Lumière?

Il y a plusieurs situations qui amènent une âme à errer entre les deux mondes. Pour ramener cette âme vers la Lumière, il suffit de prier. Plusieurs Anges ont comme mission de ramener les âmes errantes vers la maison de Dieu. Toutefois, si l'âme errante ne veut pas nous suivre, nous devons respecter son choix. N'oubliez pas que nous ne forçons jamais une âme à venir vers nous. Nous respectons toujours le choix qu'elle fait. Par contre, si un membre de sa famille terrestre prie pour cette âme, celle-ci réfléchira et réalisera qu'elle serait mieux dans le jardin des âmes à veiller sur les siens. À ce moment-là, cette âme nous réclamera de l'aide.

Pourquoi certaines personnes partent-elles en voyage pour aller mourir dans un autre pays où elles ne connaissent pratiquement personne?

Savez-vous, cher enfant, qu'il y a des humains pour qui les proches ne sont pas si « proches » d'eux? Il y a parfois des êtres qui décident d'aller mourir dans un pays étranger puisque dans plusieurs de leurs vies, les âmes ont vécu dans cette région ou dans ce pays lointain. Ces âmes se retrouvent et peuvent mourir en paix. Il y a parfois des êtres qui descendent sur Terre et n'ont pas de connexion avec un être appelé « frère » ou « sœur ». Cette situation est en grande partie reliée à l'âme qui doit recommencer son étape du début et s'habituer à une nouvelle famille d'âmes. Cette âme ne se sent pas près de cette nouvelle famille d'âmes. Cela peut parfois prendre quelques incarnations avant de s'habituer à sa nouvelle famille d'âmes. C'est la raison pour laquelle les âmes de ces êtres décident d'aller mourir dans un pays étranger puisque, dans plusieurs vies, ces âmes ont vécu dans cette région ou dans ce pays lointain avec des âmes qu'elles aimaient et avec lesquelles elles évoluaient depuis plusieurs siècles. Ces âmes se sentent bien à cet endroit. Elles savent qu'elles peuvent venir y mourir en paix.

Lorsque deux personnes d'un couple décèdent en même temps, par exemple dans un accident d'automobile, leurs âmes montent-elles et demeurent-elles ensemble?

Lorsqu'un couple meurt, cela signifie que les deux âmes avaient choisi de quitter la Terre en même temps, et lorsque ces personnes quittent la Terre, elles partent main dans la main avec leur Ange respectif. Cependant, si l'un des deux êtres décédés était sous l'influence de l'Ombre et qu'il a délibérément provoqué cet accident, qu'il a commis un acte qui n'était pas dans le plan de vie, cet acte sera évalué dans la maison de la justice. Les deux êtres partiront en même temps, mais ils se dirigeront vers des endroits différents puisque l'âme fautive doit répondre de son acte. Cela dit, si ces êtres ont bien cheminé, ils partiront en même temps main dans la main. C'est un privilège que nous accordons aux humains quand ceux-ci s'aiment et qu'ils ne veulent pas s'abandonner.

Les Anges ont-ils un pouvoir de protection sur nous lors d'accidents tragiques afin de nous faire éviter la mort, et pourquoi nous aident-ils?

Nous ne pouvons vous faire éviter la mort si celle-ci est programmée dans votre plan de vie, mais nous avons une Lumière de protection qui vous protège des dangers. Lorsqu'un danger se présente à vous, nous vous en avertissons. Si vous ne prenez pas le temps d'écouter notre alarme, alors nous vous protégerons!

Nous savons pertinemment que l'Ombre peut provoquer des situations malencontreuses. Il est important de nous prier lors de votre conduite en voiture pour éviter les dégâts que l'Ombre peut causer. Les Anges Yelahiah et Seheïah sont des Êtres importants qui ont la mission de veiller sur vous lors de votre conduite en voiture.

Par contre, s'il est inscrit dans votre plan de vie que vous préférez quitter la Terre de façon tragique, nous devons respecter ce choix. Il est important de noter que nous prenons soin de votre plan de vie et que nous le respectons. Savez-vous que la plupart des personnes qui quittent la Terre de manière tragique sont des humains qui aiment faire parler d'eux? Ils ne veulent pas que vous les oubliiez. Nous ne voulons pas être ironiques en vous révélant cela. D'ailleurs, ces êtres le font pour une raison particulière. Ils savent que la façon dont ils mourront fera réfléchir plusieurs humains. Ces êtres qui quittent brutalement la Terre feront évidemment parler d'eux. Mais, le plus important est qu'ils éveilleront la conscience des gens. Lorsqu'une personne quitte la Terre tragiquement, ceux qui demeurent en tirent toujours une belle leçon de vie. C'est la raison pour laquelle il faut louanger les défunts et non leur en vouloir. Ceux-ci ont permis à l'humanité de réfléchir et de faire tous les changements nécessaires pour y apporter une meilleure sécurité.

Est-ce que l'âme vieillit comme l'humain? Si une personne décède à l'âge de 31 ans et que l'un de ses enfants décède à l'âge de 79 ans, vont-ils se reconnaître?

Les âmes se reconnaissent! Il est évident que l'âme conserve toujours l'image de son dernier corps terrestre. Lorsque les proches viennent à leur rencontre, ils les reconnaissent immédiatement. N'oubliez pas que l'âge physique n'a plus son importance dans le jardin des âmes.

Souhaitons que ces passages vous aient aidé à mieux apprivoiser la mort. Si vous avez peur de mourir, priez l'Ange Mumiah afin d'apaiser vos craintes.

Le chapitre suivant traitera de l'âme, de sa création, de son évolution et des étapes qu'elle doit franchir pour ne plus être obligée de s'incarner.

Chapitre VII

Évolution spirituelle de l'humain

Vous êtes-vous déjà demandé comment votre âme a été créée? De quelle façon évolue-t-elle? Votre âme a-t-elle toujours eu un corps terrestre? Les questions suivantes vous aideront à en apprendre davantage au sujet de l'âme et de son évolution.

Pouvez-vous nous décrire le processus de la création de l'âme?

Les humains sont trop curieux! La création de l'âme est comme la création du corps humain. Dieu vous a créé avec amour. Il a voulu fonder sa famille, et vous êtes sa création. Nous ne voulons point vous peiner, mais sachez que nous ne donnerons pas de détails sur ce sujet qui vous préoccupe tant. Vous n'avez pas à comprendre ni à savoir. Sachez tout simplement que Dieu, avec amour, a créé votre âme, car il avait foi en vous. Prenez par exemple l'humain qui trouve son partenaire de vie. Quand une union se solidifie, quelle est la pensée première de cette union lorsque l'homme et la femme sont amoureux? Que veulent-ils faire? Ils veulent concevoir un enfant. Cet enfant représente la source, le symbole d'amour. Il est la continuité de deux êtres. Qu'il est gratifiant de concevoir un enfant quand celui-ci est désiré. Il en est de même avec Dieu.

Dieu a-t-il une femme? Dieu est-il un homme ou une femme?

Les réponses à ces questions vous permettraient-elles de mieux évoluer sur Terre? Nous ne le pensons pas! Vous le saurez lorsque vous viendrez rejoindre Dieu dans sa demeure. Nous avons aussi nos petits secrets!

Notre âme a-t-elle toujours existé avant de prendre un corps terrestre?

Votre âme a existé avant d'emprunter un corps terrestre. Les humains étaient tous dans la maison de Dieu. Un jour, Dieu a découvert un autre paradis qui est la Terre. Les âmes voulaient aussi explorer ce coin de paradis. Dieu a acquiescé à leur demande. Dieu voulait vous gâter, vous donner une terre en héritage, pour que vous puissiez y vivre, pour que vous puissiez évoluer. Il vous a aussi donné un corps pour abriter votre âme lors de votre séjour sur Terre.

Lorsque qu'un enfant est conçu dans le ventre de la mère, à quel moment l'âme habite-elle le corps?

Que l'humain est curieux! Sachez que dès la conception du corps physique, l'âme ira visiter son corps régulièrement. L'Ange personnel prend soin du corps physique. Cet Ange voit au bon fonctionnement des signes vitaux de l'embryon. Vers les derniers mois, l'âme choisit souvent de rester dans son corps. L'âme adore les caresses de sa maman et de ses proches. De plus, elle adore écouter le son de la voix de sa maman et de ses proches.

Lorsque nous sommes une nouvelle âme, avons-nous un Ange spécifique du premier niveau?

Lorsque l'humain vient sur Terre pour la première fois, il doit être guidé par les Anges qui font partie du Chœur des Anges puisque ceux-ci ont la mission de veiller sur cet enfant afin qu'il ne se laisse pas influencer par l'Ombre. Les Anges du premier niveau sont des Êtres de Lumière qui travaillent pour combattre l'Ombre. Vous avez l'Ange Damabiah qui est extraordinaire. Vous avez aussi Mumiah qui relie l'humain à notre vibration. Mumiah permet à cette nouvelle âme de ressentir notre présence auprès d'elle, et ce, sans l'effrayer. Cet Ange agit toujours en douceur avec la nouvelle âme. Mumiah la guide constamment pour que celle-ci puisse accomplir son plan de vie, et ce, sans se laisser influencer par l'Ombre. La mission du Chœur des Anges est de développer l'intuition de ses enfants pour que ceux-ci puissent comprendre par eux-mêmes qu'il y a du danger à s'associer avec l'Ombre ou à se laisser influencer par celle-ci.

Une fois les neuf étapes terminées avec succès, quelles sont les prochaines à franchir en compagnie des Anges?

Cela dépend de ce que vous voulez. Quand vous avez franchi vos neuf étapes, vous avez le choix de rester parmi nous et de travailler pour l'humain en devenant un Ange personnel. Si vous décidez de rester parmi nous, vous ne pourrez plus revenir sur Terre. Nous vous laverons de vos vies, nous les effacerons pour que vous puissiez prendre votre nouvelle vie, celle d'Ange. Cela dit, si vous aimez vos vies humaines et que vous voulez demeurer sur Terre parmi les vôtres ou parmi les âmes qui ne sont pas encore rendues à la dernière marche, alors vous reviendrez parmi eux et vous aurez le privilège de choisir votre vie, de choisir avec qui vous voulez partager votre vie et de choisir la façon d'évoluer. Tout vous sera acquis puisque vous aurez bien accompli vos devoirs d'humain. Le bonheur sera présent tout au long de votre vie terrestre. Toutefois, il y a plusieurs âmes qui, après les neuf étapes, décident de revenir sur Terre pour devenir des missionnaires, des messagers de paix et des guides spirituels. Ces êtres se distingueront par leur foi en Dieu et par la réussite de leur mission. Ils feront leur marque et ils feront parler d'eux.

Notre évolution spirituelle nous suit-elle dans notre prochaine vie?

Votre évolution spirituelle vous suit puisqu'elle est la clé essentielle pour la réussite de votre plan de vie et pour accéder à un niveau supérieur. Dieu ne vous permet pas de vous souvenir de vos passés puisque cela vous serait inutile. Cela pourrait même nuire à l'accomplissement de votre nouveau plan de vie. Dieu vous permet de conserver votre spiritualité parce qu'il est conscient que c'est dans la spiritualité que vous pourrez terminer et accomplir votre plan de vie avec succès.

Au cours de notre vie, pouvons-nous changer une décision prise avant notre incarnation? Comment pouvons-nous connaître notre plan de vie avec exactitude et nous assurer de le réussir? Tous les humains ont-ils un plan de vie, et peut-il être modifié en cours de route?

Tout dépend de votre plan de vie. S'il est irrévocable, vous ne pourrez pas le changer en cours de route humaine. Cependant, si celui-ci est révocable, il vous sera permis de faire quelques petits changements sur le parcours. C'est la raison pour laquelle vous devez nous prier.

Un humain qui possède un plan de vie irrévocable n'a pas bien accompli son plan de vie lors de ses dernières incarnations. Il a ignoré notre existence et l'Ombre l'a envahi à quelques reprises. S'il veut retrouver sa Lumière et le chemin de sa liberté, il devra suivre ce plan à la lettre. Par contre, si celui-ci commence à nous prier, nous pourrons alléger sa douleur et son fardeau. Nous ne pourrons pas changer son plan de vie. Nous lui infuserons une force et une détermination qui lui permettront de bien accomplir son plan de vie et de le réussir.

Lorsqu'une âme vient sur Terre et qu'elle accomplit bien sa mission et que sa spiritualité est éveillée, certains aspects de son plan de vie seront révocables. Il est important de savoir qu'il y a certaines situations qui sont irrévocables. Il s'agit surtout de situations que vous avez de la difficulté à régler.

Donc, si votre plan de vie est révocable, cela ne veut pas dire que vous ne vivrez pas d'épreuves. Il peut y avoir de grandes épreuves. Par contre, si la personne nous prie de lui venir en aide et d'éloigner cette épreuve, nous le ferons puisque son plan de vie nous le permet. Sachez, cependant, qu'il y a peut-être deux, trois ou parfois quatre humains sur dix qui ont un plan de vie irrévocable.

Comment savoir si nous nous dirigeons vers le prochain niveau ou si nous allons le refaire?

Quand une personne ne croit pas en Dieu, qu'elle n'évolue pas et qu'elle n'accomplit rien pour le bien de son âme, quand une personne est submergée par des sentiments d'Ombre et qu'elle se laisse emporter par ceux-ci, il est assuré et même primordial que cette personne refasse son niveau. Elle peut même chuter et retourner à la case départ si son plan de vie n'est pas respecté ni réussi. Nous pouvons également l'envoyer dans la maison des Trônes. Si cette personne parvient à réussir son plan dans la maison des Trônes, son âme sera gratifiée et le reste de son parcours sera allégé. Pour vérifier si vous avez bien fait votre niveau, vous le saurez vers la fin de votre vie. Le sentiment d'avoir accompli votre vie sera à l'intérieur de vous. Vous saurez alors que vous aurez accompli ce que vous êtes venu faire sur Terre.

Quand un être ne passe pas une étape, peut-il aller dans une autre maison?

Tout dépend de la façon selon laquelle il a dirigé sa dernière incarnation. Nous allons vous expliquer. Un plan de vie comporte des situations à régler, des événements à vivre, des étapes à accomplir. Tout est planifié avant votre incarnation. Si dans votre plan de vie vous devez réussir dix étapes, et que sur ces dix étapes vous en accomplissez huit, au lieu de vous faire recommencer votre niveau pour deux étapes non réussies, nous allons vous faire monter à l'étage suivant, mais ces deux étapes vous suivront pour que vous puissiez les régler ou les accomplir.

Toutefois, si arrivé à une prochaine incarnation vous traînez toujours ces situations avec vous et que vous ne parvenez pas à les régler, il arrivera un temps où nous ne pourrons plus vous accorder le privilège d'aller vers un étage supérieur, puisque vous stagnerez à l'étape où vous avez de la difficulté. Il n'est pas rare non plus d'envoyer un être de la huitième maison, la maison des Chérubins, à la deuxième maison dirigée par le Chœur des Archanges. Si cet être parvient à réussir ce pourquoi il doit retourner à un niveau inférieur, lors de sa prochaine incarnation, nous le retournerons à la maison des Chérubins.

C'est la raison pour laquelle peu importe la maison où vous êtes, l'important est d'accomplir ce que vous êtes venu faire sur Terre. Il n'est pas rare non plus de voir un humain plus près d'un Ange ou de plusieurs Anges que du sien. Si tel est votre cas, c'est que votre plan comporte des situations reliées à la force et à l'énergie de ces Anges. Il y a de fortes chances que dans des vies passées, ces Anges aient été les vôtres.

Pourquoi plusieurs personnes évoluant à l'étage des Séraphins ne croient-elles pas en Dieu, aux Anges et à tout ce qui se rattache à la spiritualité, alors que l'on dit que leur évolution spirituelle est très élevée?

La dernière marche est la plus difficile. C'est un défi de taille puisque ce sera la dernière fois que vous viendrez en tant qu'humain, si vous le désirez. Il est primordial pour l'humain de prouver qu'il mérite sa place au Paradis ou qu'il mérite sa vie de rêve! Il est primordial pour cet être de croire en Dieu et en son pouvoir. Si vous ne croyez pas que nous sommes là, que Dieu existe, vous ne méritez pas de rester parmi nous. Souvent, nous donnons ce défi à des gens qui ont eu des failles dans leur incarnation. Nous voulons nous assurer que ceux-ci méritent de rester auprès de nous. C'est tout un défi que Dieu leur a donné! Avez-vous remarqué que ceux qui n'ont aucune croyance ne veulent pas revenir sur Terre. Écoutez ces gens parler et ils vous diront : « Ah!

moi, je ne reviendrai pas. Il est certain que je ne reviendrai pas...» Et ils vont revenir, car ils doivent croire en nous. Nous pouvons même les envoyer dans le Chœur des Trônes et ensuite dans le Chœur des Séraphins. La dernière marche est souvent la plus pénible, et si l'humain ne nous intègre pas dans sa vie, elle sera la plus pénible de ses vies, de ses incarnations.*

Comment réagissez-vous quand l'humain n'écoute pas et qu'il ne trouve pas le chemin de son karma ou de son plan de vie?

Nous agissons de la même façon qu'un parent qui réagit lorsque son enfant n'écoute pas : nous dialoguons avec lui. Lors de votre sommeil, nous dialoguons avec votre âme. Nous essayons de vous aider du mieux que nous le pouvons à vous diriger vers des portes et des sorties qui amélioreront votre vie. Nous savons que l'humain a parfois une « tête très dure », mais nous ne regardons pas cette tête. Nous regardons les élans de son cœur et nous disons que si l'humain veut s'aider et qu'il cherche à accomplir son plan de vie, nous l'aiderons. Ce que nous essayons de vous dire, même si l'humain n'écoute pas ce que nous essayons de lui enseigner, c'est que nous resterons tout de même à ses côtés. Nous ne l'abandonnerons jamais. Comme vous, sur Terre, malgré toute la tempête que votre enfant vous fera vivre, vous resterez à côté de lui, lui parlerez, le consolerez, le guiderez, l'aiderez, le relèverez, et c'est exactement ce que nous faisons avec vous.

Si une personne n'accepte pas la couleur de sa peau ou son orientation sexuelle, quel en sera l'impact sur son plan de vie?

Lorsqu'une personne vient au monde avec une différence, elle doit l'assumer puisqu'elle l'a demandée. Si un être descend sur Terre avec la peau noire, le message de cet être qui descend a comme mission d'aimer la couleur de sa peau, car sa mission est de faire comprendre aux autres humains qu'il n'existe aucune différence entre lui et son prochain. Tous les humains ont été conçus de la même façon. Ils sont tous pareils. Ils sont tous les enfants de Dieu. Ils sont tous sa création et ce n'est pas parce que la couleur de la peau est différente qu'il existe une différence. Si Dieu avait voulu vous créer différemment, il l'aurait fait. Vous avez tous des yeux, des oreilles, un cœur qui bat, comme vous avez une peau qui vous enveloppe.

Nous allons vous donner un exemple humain. Sur Terre, il y a plusieurs automobiles, couleurs, marques, mais votre véhicule a toujours la même fonction, celle de vous amener aux endroits que vous préférez. Il en est de même avec l'humain, avec ce que vous appelez les « nationalités ». Vous avez tous la même mission : celle d'être heureux, et chacun est relié au même Dieu, à moins que vous ne soyez dans l'Ombre.

En ce qui concerne l'être qui a de la difficulté à exprimer sa sexualité et qui se sent coupable et vulnérable à cause de son orientation amoureuse, il ne demeure pas moins un être humain. Pourquoi serait-il différent? Il est aussi la création de Dieu.

Cela dit, la création exige qu'il y ait un homme et une femme pour procréer. L'humain masculin, qui vient sur Terre et qui aime un autre homme, est conscient qu'il ne peut pas procréer. Nous savons qu'il y a parfois des ébats dans le corps humain. Si ces ébats que vous appelez « sexuels » sont faits avec amour et passion et qu'il y a une union, une fusion des corps faite avec amour, alors Dieu est heureux. Cependant, si un être, autant un homme qui aime un homme ou un homme qui aime une femme, vit une fusion qui est, nous cherchons un terme, « diabolique », Dieu est malheureux. Nous n'aimons pas le terme « diabolique », mais c'est ce que représente la fusion non respectueuse.

Nous ne voulons pas vous mélanger, car un homme et une femme qui s'amusent à fusionner avec amour ne représentent pas une fusion malsaine. Il est difficile pour nous d'exprimer ce que nous essayons de vous dire. Il y a parfois des humains qui ont des relations avec des animaux. Ce sont des relations malsaines, car Dieu vous a créé pour avoir une relation avec un humain. Nous savons que c'est très difficile et très compliqué, mais si l'homme qui aime un homme respecte sa fusion, respecte ce qu'il est, nous ne pouvons point le juger.

L'important pour nous, c'est qu'il puisse faire son plan de vie. L'important pour nous, c'est qu'il soit heureux. Si cet être est heureux avec cette âme et qu'il nous prie et s'abreuve à nous, nous ne pouvons point le juger.

Voyez-vous, cher enfant, l'important pour nous est de voir l'humain heureux accomplir son plan de vie. Cependant, si dans votre plan de vie il est inscrit que vous devez venir sur Terre en tant qu'homme et que vous devez être unifié à une femme pour donner naissance à un enfant et que vous venez sur Terre en tant qu'homme et que vous vous unifiez à un homme, vous ne réussissez pas votre plan de vie, mais vous n'êtes point jugé. Quand vous reviendrez, il faudra accomplir et réussir ce plan.

Il y a parfois des âmes qui ont de la difficulté. Nous allons vous expliquer cela. Un homme qui chemine bien dans sa vie, qui vient vers nous, peut choisir un sexe, peut choisir de venir sur Terre dans un sexe, mais l'âme qui a eu des accrochages recevra la suggestion de venir sur Terre en empruntant un sexe en particulier.

Admettons que vous êtes venu sur Terre pendant plusieurs vies en tant que femme et que, dans votre prochaine incarnation, votre Ange personnel, votre Ange de la Lumière, l'Archange Gabriel et Sandalphon vous disent : « Cher enfant, venir sur Terre en tant que femme serait trop difficile pour vous. » Il faut alors que vous veniez en tant qu'homme. Vous empruntez le corps d'un homme, mais plusieurs de vos vies étaient en femme, alors votre âme est attirée vers un autre homme, car lors de plusieurs de vos vies, vous avez été attiré par des hommes. Il y a plusieurs situations qui amènent un être humain à aimer quelqu'un du même sexe. Dans la maison de Dieu, il n'y a point de jugement si la fusion se fait en amour et en harmonie. Si, par contre, les fusions se font de façon malsaine, cela aura un impact lors de votre incarnation. Toutefois, sachez que les fusions malsaines ne sont pas gouvernées par la Lumière.

Est-ce que les Anges sont peinés lorsqu'on leur fait une promesse et que nous ne la tenons pas?

Pourquoi serions-nous peinés? Nous connaissons bien l'humain. Nous sommes conscients que votre intention était bonne. C'est ce qui compte. Sachez aussi que nous vous aidons à tenir vos promesses. Nous vous donnons la force, le courage et la détermination de le faire. Et si cette promesse est trop exigeante envers vous, nous vous le ferons comprendre. Nous allons vous faire une petite révélation. Si vous nous faites une promesse et que vous êtes incapable de la tenir, remplacez-la par une petite prière. Nous allons en être très heureux!

Pourquoi de nos jours les gens cherchent-ils à connaître leur mission? Comment savoir si nous sommes dans la bonne mission?

Pourquoi savoir? Pourquoi chercher votre mission? Votre mission, cher enfant, n'est pas compliquée. Votre mission, c'est de vivre avec ce que vous possédez. Votre mission, c'est d'être bien avec vous, d'être en harmonie avec ce que vous faites et d'aider votre prochain. Votre mission, c'est de nous prier, de croire que nous sommes avec vous et de nous aimer. Mais, avant tout, cher enfant, la mission de tout être humain, c'est d'être heureux, c'est d'être en mesure de vivre avec ses capacités, ses faiblesses, ses forces, d'accepter qu'il est un humain et qu'il doit vivre.

Connaître sa mission... Voyez-vous, chacun est venu avec un plan de vie. L'être humain a parfois de la difficulté à vivre sa vie puisqu'il cherche continuellement pourquoi il est sur Terre. Il cherche sa mission de vie. Pourtant, cette mission est simple. Il s'agit d'être heureux avec tout ce qu'il possède. Il y a des humains qui pensent que leur mission de vie est de sauver le monde. L'humain associe mission et situation gigantesque dans sa vie. Comprenez-vous ce que nous essayons de vous dire?

Une mission ne veut pas dire guérir, ne veut pas dire voir les défunts ou parler aux défunts. Une mission, c'est le plan. Votre mission est de faire ce qui est inscrit sur votre plan de vie. C'est votre mission, cela ne veut pas dire que vous devez être chanteur, cela ne veut pas dire que vous devez être acteur, cela veut tout simplement dire d'accomplir ce plan et votre mission. Il s'agit de vivre pour que ce plan puisse s'accomplir. Avez-vous compris? Quelle est votre mission? « C'est d'être heureux. » *Vous avez bien compris!*

Tous les Anges gardiens de nos vies antérieures continuent-ils de nous guider dans nos vies futures?

Nous pensons avoir déjà répondu à cette question. En fait, lorsque vous venez sur Terre, vous venez pour apprendre. L'Ange de la Lumière a en main votre plan de vie. Cet Ange possède toutes les forces, les qualités et les outils pour vous aider à réussir votre plan. Donc, cet Ange de Lumière est la clé essentielle pour réussir votre plan de vie. En priant cet Ange et en apprenant à mieux le connaître, vous analyserez mieux votre vie, ce qui vous permettra de découvrir les faiblesses et les situations précaires que vous avez de la difficulté à régler.

Lorsque vous réussissez votre plan de vie, vous vous dirigez vers une nouvelle maison et vous travaillez avec un Ange différent. Cela dit, les Anges avec lesquels vous avez travaillé laissent à l'intérieur de vous une essence. Voyez-vous, chaque Être de Lumière est conçu pour aider l'humain dans son plan de vie. Chaque Être de Lumière possède sa propre force, sa propre mission. Si votre plan de vie ne comporte plus la même mission, puisque vous l'avez intégrée à l'intérieur de vous et bien acheminée, vous n'avez plus besoin de l'aide de cet Être. Vous pouvez toutefois le prier, vous pouvez garder contact, mais l'important est de vivre la vie présente et de travailler avec les Êtres qui seront avec vous dans la vie présente. Vous pouvez avoir accès à des Êtres. Nous les appelons les « Êtres de passage », car ils peuvent, par le passage, venir vous saluer lorsque votre vie en a besoin. Cependant, pour grandir, pour cheminer, il faut alors travailler avec les Êtres qui vous ont été assignés, mais cela n'empêche pas de voir venir vers vous un Être avec qui vous avez jadis travaillé et que vous avez jadis aimé.

Ce que nous essayons de vous dire, c'est que lorsque vous venez sur Terre pour évoluer, pour faire un plan de vie, tous les outils qui vous seront utiles vous seront donnés. Tous les Êtres de Lumière avec lesquels vous devez travailler vous seront assignés. Il arrive parfois, nous devons dire régulièrement, que des Êtres de vies passées reviennent parce que vous n'avez pas réussi l'étape, mais nous vous avons tout de même accordé le privilège de monter. Mais, cette étape que vous n'avez point réussie, nous vous donnons alors la possibilité de la faire dans votre prochaine étape, incarnation, mais vous conservez l'Être de Lumière qui doit vous aider.

C'est la raison pour laquelle certaines personnes se sentent plus proches d'un Ange en particulier que de l'Ange qui leur a été assigné. Si tel est le cas, c'est que vous avez jadis travaillé avec cet « Ange de passage » dans une vie antérieure. Cependant, cet Ange est aussi important, car la force de sa Lumière peut vous aider à vous libérer d'une situation pour laquelle vous avez de la difficulté à mettre le mot « fin ». Cette situation vous empêche d'évoluer et d'accéder haut la main à un étage supérieur.

Connaître nos vies antérieures nous aiderait-il à évoluer dans notre vie actuelle?

Si connaître vos vies antérieures pouvait vous aider à mieux évoluer dans votre vie actuelle, vous vous souviendriez d'elles. Puisque vous ne vous souvenez plus de vos vies, alors c'est mieux ainsi.

Connaître toutes les réponses à vos questions vous aiderait-il dans votre vie personnelle? Au contraire, vous ne pourriez point évoluer, car vous auriez toutes les réponses. Alors, connaître vos vies antérieures ne pourrait pas vous aider dans votre vie actuelle. Imaginons que, dans vos vies passées, vous avez fait du tort à vos enfants, que vous les avez bafoués et que vous leur avez fait beaucoup de mal. Vous revenez dans votre vie actuelle et vous êtes une bonne personne. Vous gardez des enfants, puisqu'avant de vous incarner, dans votre plan de vie, vous avez demandé à Dieu de vous amener des enfants, de vous permettre d'aider des enfants, car vous n'avez pas été bon dans les vies passées, car vous voulez avoir la chance de vous racheter. Pensez-vous que vous évoluerez davantage en sachant ce que vous avez fait subir à des enfants ou en vivant dans le remords? Alors, voilà votre réponse. Nous pensons que vous vivrez dans le remords, et il vous sera difficile de bien accomplir et réussir votre nouveau plan de vie.

Il est vrai que nous sommes curieux. Nous voulons tout savoir. Par contre, nous devrions aussi prendre en considération l'impact que cela aurait dans nos vies si nous nous souvenions de nos existences antérieures.

Imaginez que l'être qui partage votre vie actuelle a déjà été un frère ou un père dans l'une de vos anciennes vies. Le verriez-vous de la même façon? Alors, les Anges ont raison lorsqu'ils nous disent qu'il faut vivre notre présente vie et arrêter de vivre dans le passé. Hier est terminé. Il faut planifier nos journées en regardant vers l'avenir!

Le prochain chapitre traitera de la santé humaine. Pourquoi une personne très pieuse peut-elle tomber malade? Les Anges peuvent-ils guérir notre corps? Toutes les réponses qui suivent sont importantes en ce moment, car la maladie touche plusieurs humains. Si nous pouvions trouver une cure à nos maladies, cela ferait évidemment le bonheur de tous.

Chapitre VIII

Santé

Pourquoi la maladie existe-t-elle? Qu'est-ce qui la provoque? Pouvons-nous nous attendre un jour à ne plus être victimes de maux de toutes sortes? Quel est le rôle de l'Ange lorsqu'une personne est malade? Peut-il la guérir? L'humain se pose régulièrement ces questions importantes. Voici les réponses des Anges.

Pouvez-vous nous expliquer les raisons de l'existence de la maladie? Pourquoi Dieu a-t-il permis cela, surtout lorsque la maladie atteint de jeunes enfants?

Cher humain, pensez-vous vraiment que Dieu a permis cela. Au contraire, Dieu aime vous voir heureux et en santé. Sans vouloir vous faire de la peine ni vous juger, permettez-nous de vous dire que vous êtes en quelque sorte responsable des maladies sur Terre. Souvent, votre soif de connaissances et votre naïveté vous ont conduit vers des routes dangereuses pour le corps humain. Dès le moment où vous avez goûté plusieurs « fruits défendus », votre corps physique s'est mis à réagir.

Devant ce fléau désastreux, Dieu s'est dépêché d'envoyer sur Terre des âmes importantes avec des connaissances extraordinaires sur la conception de l'humain. Ces âmes sont devenues des chercheurs, des médecins, des êtres qui ont apporté sur Terre des solutions pour parvenir à guérir et à soulager le corps humain. Sachez que ces âmes reviennent continuellement pour aider l'humain. C'est la raison pour laquelle certains chercheurs de votre époque font des recherches avancées sur des maladies importantes.

Il y a aussi des âmes qui acceptent de venir sur Terre pour faire avancer la recherche. Ces âmes seront atteintes de maladies graves et mortelles. Ainsi, ces êtres donneront leur corps à la science pour que celle-ci puisse mieux comprendre tous les préceptes de la maladie.

Il y a aussi ces petits Anges qui descendent pour aider l'humanité à avancer dans la recherche. Sachez que ces enfants malades ont une force inébranlable devant la maladie. Cette force, ils la puisent à même la source. Ils s'abreuvent à notre source puisque nous sommes continuellement avec eux. N'oubliez pas ce que nous avons déjà mentionné. Ces êtres sont des Anges qui viennent à votre rencontre pour mieux vous connaître. Lorsqu'ils descendent sur Terre, ils sont aussi chargés d'une mission, et ce, pour le bien de l'humanité.

Si votre enfant est malade, priez-nous. Nous savons qu'il est pénible pour le cœur d'un parent de voir souffrir son enfant. Combien de parents aimeraient changer de place avec lui? Mais, vous ne pouvez pas le faire. La seule consolation que nous puissions vous donner est la suivante : vous avez le privilège d'être en présence d'un Ange qui vous a choisi comme parent et qui vous protégera éternellement. Cet Ange a accepté de faire une vie humaine pour aider la science et la recherche. Côtoyer un Ange est le plus beau cadeau que Dieu puisse vous donner.

N'oubliez pas que Dieu nous a aussi chargés d'une mission particulière par rapport à la maladie. Il a amplifié la Lumière de plusieurs Anges pour que celle-ci puisse soulager et guérir certains de vos maux et douleurs. Nous ne pouvons pas tous les guérir. Par contre, nous essayons tout ce qui nous est possible de faire pour vous venir en aide.

Si nous pouvons vous accorder un miracle, nous le ferons. Sachez que nous ne sommes pas responsables de ce qui arrive. Nous travaillons très fort pour éliminer ce fléau qui fait rage dans votre univers.

Que font les Anges pour aider un humain qui est atteint d'une maladie grave ou mortelle?

Nous pouvons le guérir, s'il nous est permis de le guérir, mais si, dans son plan de vie, il était inscrit que l'humain serait atteint d'une grave maladie pour faire avancer la science, pour aider l'humanité à comprendre les faiblesses de l'humain, alors nous n'avons pas le choix de respecter cette entente.

Nous voulons aussi vous dire, toutefois, que nous envoyons souvent des substituts quand l'humain lui-même nous prie et que celui-ci nous réclame de l'aide et que nous pouvons la lui accorder. Nous envoyons une autre situation qui n'est pas exactement comme sa demande, mais qui l'aidera dans son cheminement. Si un humain nous prie, a foi en nous et nous demande la guérison complète de son corps, mais que nous ne pouvons pas le guérir, nous aiderons cet humain à quitter sereinement la Terre malgré tout.

Nous sommes toujours à vos côtés. Cela dit, nous ne pouvons pas toujours vous accorder ce que vous nous demandez. Nous devons toujours respecter votre plan de vie. De toute façon, nous vous donnerons la force, nous vous donnerons les outils, nous vous guiderons vers les meilleures routes. N'oubliez pas que nous travaillons en collaboration. Nous sommes votre source, nous sommes votre essence, mais vous devez conduire vous-même votre voiture pour le bien de votre évolution.

Une prise de médicaments, comme les antidépresseurs, une maladie ou une intervention chirurgicale peuvent-elles avoir un impact sur notre communication avec les Anges?

Lorsqu'un enfant nous prie, nous venons immédiatement à lui. Le cri de son cœur bat l'inquiétude, la détresse, la peine, la joie, qu'importe.

Il n'y a aucun remède qui peut nous empêcher d'aller à la rencontre de celui qui nous demande de l'aide. Tant et aussi longtemps que le cœur bat, il est en connexion avec notre vibration, et il n'y a rien qui peut empêcher cette communication de se faire. Le fil qui est relié à nous est invisible, mais il passe partout. S'il y a un blocage, il prend un autre chemin. Il trouve toujours son chemin. De plus, il ne faut pas oublier que nous ne sommes pas dans votre cerveau. Nous sommes dans votre cœur. Le seul empêchement arrive lorsque cet être ne communique pas avec nous. Alors, il n'y a évidemment pas de communication.

Certaines personnes font une prière tous les soirs. Pourquoi sont-elles quand même parfois malades?

Il y a deux raisons importantes que l'humain devrait prendre en considération. La première est que cet être a choisi cette maladie pour réveiller les humains et pour permettre à la recherche médicale de trouver les médicaments nécessaires pour soulager ou guérir cette maladie. La deuxième raison est que cet être a choisi cette maladie pour démontrer aux humains qu'ils possèdent en eux tous les outils nécessaires à leur propre guérison. Dans un cas comme dans l'autre, cela fait partie du plan de vie. Avant de vous incarner, vous avez passé un accord avec la sphère céleste afin que vous soyez le « cobaye » de cette maladie et afin que vous puissiez par la suite vous en guérir vous-même. Mais, souvent, l'humain n'est pas conscient du potentiel qui existe en lui. Alors, maintenant que vous en avez été informé, commencez à prier votre Ange, et demandez-lui de vous indiquer le chemin de votre propre guérison.

Veuillez noter que votre Ange guidera vos pas vers les meilleures ressources pour obtenir la guérison de votre corps, que ce soit vers la médecine traditionnelle ou autre. Il s'organisera pour trouver le meilleur remède pour vous. Ensuite, il vous fera prendre conscience de tous les outils intérieurs que vous possédez afin que vous puissiez les utiliser pour votre propre guérison. Sachez avant tout que la foi en vous est le meilleur des remèdes pour la guérison.

Cependant, il serait aussi important de prendre en considération que l'humain est très vulnérable devant l'Ombre. Lorsque celui-ci fait face régulièrement à des situations d'Ombre, cela peut nuire à son corps physique et mental. Il serait sage pour cet être de nous prier afin que nous puissions l'aider à s'éloigner des personnes et des situations d'Ombre qui peuvent ravager sa santé.

Le cheminement de l'âme est-il le même pour les personnes qui ont des maladies qui réduisent leurs facultés du cerveau, comme la maladie d'Alzheimer?

Pourquoi cela changerait-il? Il ne faut pas oublier que nous ne sommes pas dans votre cerveau, mais que nous sommes dans votre cœur. La personne atteinte de la maladie d'Alzheimer a la chance de dialoguer avec son Ange quotidiennement puisqu'elle le voit et qu'elle ressent sa présence rassurante auprès d'elle.

Quand un enfant naît avec un handicap grave, comment peut-il croire aux Anges?

Sachez que la plupart des enfants handicapés ont une foi inébranlable en nous. Par contre, il y en a certains qui ont de la difficulté à croire que nous existons. Ils nous prient en nous demandant pourquoi ils sont différents. Si nous existons vraiment, pourquoi ne les aidons-nous pas à marcher de nouveau, à être des gens normaux? Souvent, ces êtres ont des plans de vie irrévocables. Ils ont choisi de venir au monde avec ces facultés, avec ces handicaps, pour éveiller la conscience des personnes qui les entourent ou parfois pour aider la science à trouver le meilleur des remèdes.

Nous envoyons parfois sur Terre des êtres qui vivent des difficultés pour que la science puisse trouver des solutions. Voyez-vous, Dieu vous a créé, vous a donné une âme et vous a dit de choisir votre corps, d'en prendre soin comme nous prenons soin de votre âme. Nourrissez bien ce corps et n'oubliez pas que la première nourriture que vous devez lui donner, c'est notre amour, c'est la spiritualité. Ensuite, nourrissez-vous bien sur Terre, prenez soin de votre véhicule, car vous n'en avez qu'un. Si vous le négligez, vous aurez cependant à travailler avec les conséquences de vos négligences.

Cela dit, Dieu a remarqué que la plupart des humains ne prennent pas soin de leur corps physique. Il y a des humains qui ne prennent pas soin de leur âme ni de leur corps. Il y a mort dans l'âme et souvent, quand il y a mort dans l'âme, l'Ombre tourne autour.

Alors, Dieu a dit : « Je vous envoie sur Terre. » Il a pris des enfants avec une grande Lumière et il leur a dit : « Descendez trouver des solutions pour que le corps humain puisse être bien. Trouvez une solution pour que ce corps humain puisse vivre en santé et longtemps, car lorsque l'humain est en santé, il est heureux, et quand l'humain est en santé, il peut accomplir plein de projets. » Alors, voyez-vous, il y a des êtres sur Terre qui ont une mission très particulière. Ces êtres sont venus sur Terre et ils reçoivent beaucoup de connaissances de notre part pour trouver des remèdes, des techniques, toujours pour le bien-être de l'humain.

Par contre, il y a parfois des êtres qui viennent avec des différences, avec un véhicule différent. Ne voyez pas ce véhicule comme un handicap. Voyez-le comme une façon extraordinaire de montrer que vous existez, que malgré les manques et les faiblesses de votre corps, votre âme est là. Elle vit et vous nourrit.

Un Ange peut-il agir à notre place et nous aider à fonctionner en cas de stress intense?

Pourquoi pas? Lorsque l'humain est en panique, fatigué et épuisé, son Ange personnel prend parfois la relève. C'est la raison pour laquelle certains se souviennent vaguement de la tournure des événements, d'un chemin qu'ils ont emprunté, etc. Ils s'en souviennent juste au moment où l'Ange personnel les réveille!

Il est important de noter que l'Ange agit ainsi pour vous venir en aide et non pour vous causer du tort. Si quelqu'un commet un meurtre et qu'il ne se souvient plus de son acte, il est définitif que ce n'est pas son Ange personnel qui a inspiré ce geste. Il est évident que ce geste a été gouverné par l'Ombre. La mission de l'Ange personnel de cette personne était de lui faire éviter ce geste.

Cependant, comme les Anges l'ont mentionné, si un être ne les prie pas, s'il est envahi par l'Ombre, il est difficile pour son Ange de le ramener vers la Lumière. Sa seule chance, c'est lorsque celui-ci en fait la demande. De plus, si les proches de celui qui est sous la gouverne de l'Ombre prient pour lui, prient pour qu'il retrouve le chemin de sa Lumière, toutes ces prières auront un impact favorable dans sa vie. Ces prières peuvent l'aider à prendre la décision de demander aux Anges de le sortir du gouffre de l'Ombre.

Revenons donc à ce que les Anges ont dit. L'histoire suivante vous est-elle déjà arrivée? Vous conduisez votre voiture, vous êtes exténué, vous avez une longue route à faire. Vous demandez alors à votre Ange de prendre soin de vous lors de votre conduite. Arrivé à destination, vous ne vous souvenez pas du chemin emprunté. Vous trouvez que la route a été facile. Vous pensez avoir été dans la lune pendant tout le trajet. Si cela vous est déjà arrivé, sachez que votre Ange personnel était avec vous.

Les deux prochaines questions animent parfois les conversations entre les humains. L'une d'elles soulève plusieurs débats dans nombre de pays puisqu'elle aborde un sujet très controversé. Voyez ce que les Anges ont à dire au sujet de la mort assistée.

Lorsqu'une personne est très malade, peut-elle demander d'être assistée pour mourir avec dignité? Est-ce permis?

Quand vous parlez d'« être assistée pour mourir », parlez-vous de mourir avant sa date butoir? Voyez-vous, si cette personne nous prie et qu'elle a bien fait son cheminement, elle partira avant le temps qui lui a été assigné, mais si cette personne a un plan irrévocable, si elle quitte la Terre en étant assistée, ce sera un suicide, alors elle reviendra.

Nous ne voulons pas juger, nous ne voulons pas faire peur à cet être, car nous savons que la souffrance est pénible, mais cet être, quand il quittera son corps physique, quand il viendra rejoindre les siens, quand il reviendra dans sa prochaine incarnation, n'aura plus de souffrance sur son corps physique.

Voyez-vous, il y a des avantages et il y a des désavantages quand vous êtes un humain sur Terre, mais sachez que pour toutes les situations, il y a toujours une raison d'être, et si vous vivez péniblement dans cette vie et que vous accomplissez bien votre vie et que, partout, malgré les temps pénibles, vous avez gardé foi, vous vivrez votre prochaine incarnation comme un roi ou une reine.

Nous n'abandonnons jamais un enfant. Nous le soutenons et nous l'applaudissons quand celui-ci a bien fait, a bien accompli sa mission. Lorsque celui-ci nous réclame de l'aide et que nous pouvons la lui accorder, nous la lui accordons.

Il est important de nous prier lorsque votre souffrance est insupportable. Nous viendrons à votre secours pour atténuer vos douleurs. Si votre désir est de revenir parmi nous, nous vous y ramènerons avec dignité.

Un autre sujet qui dérange les gens est le suivant : le don d'organe. Plusieurs signent leur autorisation au prélèvement de leurs organes, d'autres pas. Voyez maintenant ce que les Anges en pensent.

Le don d'organe est de nos jours un moyen qui aide des humains malades à prolonger leur vie. Que pensez-vous de cette technique médicale?

Dieu a donné la mission à deux Anges en particulier d'aider ceux-ci qui ont besoin d'organe à prolonger leur vie. Si Dieu a créé ces Êtres de Lumière et leur a donné la mission de mettre sur leur chemin l'organe réclamé, alors Dieu est en accord avec cette technique médicale.

Nous allons vous dire ceci, cher enfant. Il y a un plan de vie à respecter. Nous sommes aussi conscients que le corps humain comporte des faiblesses. D'ailleurs, c'est la raison pour laquelle nous envoyons sur Terre des âmes exploratrices pour parvenir à trouver tous les remèdes adéquats pour sauver l'humain de la maladie.

Si nous vous donnons 85 années humaines pour respecter votre plan de vie, vous vivrez vos 85 années humaines. Si, dans vos 85 années humaines, votre corps physique réclame des organes pour continuer, cela nous importe peu. Vous avez droit à 85 années humaines pour accomplir votre plan de vie. Quand vous aurez fait vos 85 années humaines, nous viendrons vous chercher. Que vous soyez en pleine santé, que vous soyez malade, que vous soyez actif. Qu'importe votre condition. Quand votre date butoir arrivera, nous serons là et nous vous accueillerons dans notre demeure.

Ce que nous essayons de vous dire, c'est que si une personne a 85 années humaines pour accomplir son plan, et qu'à 72 ans humains elle tombe malade et qu'elle a besoin d'une transplantation d'un cœur, elle l'aura, car elle doit vivre jusqu'à 85 ans. Comprenez-vous?

Toutefois, si la personne a besoin d'une transplantation d'un cœur et qu'elle a 35 ans et qu'à cet âge elle doit venir vers nous, le cœur n'arrivera pas, puisqu'elle doit revenir vers nous. Ce que nous essayons de vous dire, c'est que vous avez une date butoir et nous devons la respecter.

Si vous êtes venu au monde et que vous nous avez demandé d'avoir les cheveux bruns et que vous les changez, qu'importe pour nous. L'important est que vous accomplissiez votre plan de vie dans le délai exigé.

Est-ce vrai qu'il n'y aura plus de médecins ni de médicaments sur la Terre et que tout le monde sera guéri par des guérisseurs spirituels?

Pour l'instant, votre corps physique a besoin de votre médecine traditionnelle. Lorsque l'âme est heureuse, lorsque l'âme accomplit bien sa mission, lorsque l'âme s'éloigne de l'Ombre, lorsque l'âme prend conscience des faiblesses du corps, lorsque l'âme prend conscience de son potentiel et lorsque l'âme nous prie, elle n'a pas besoin de médecins ni de médicaments puisque le bien-être de son âme harmonise son corps physique.

La santé est un don précieux qu'il faut préserver. La meilleure façon de la conserver est de prendre soin de notre âme et de notre corps physique, ce véhicule si précieux!

PARTIE III

La Terre

Chapitre IX

Environnement

Lorsque nous pensons aux fléaux de la Terre, nous nous demandons souvent si la planète survivra. La Terre pourra-t-elle redevenir un havre de paix où il fait bon vivre? Y a-t-il un moyen d'améliorer l'atmosphère? Voici les réponses des Anges par rapport à ces sujets.

De nos jours, nous entendons souvent parler de changements climatiques. Avons-nous atteint le point de non-retour ou pouvons-nous encore éviter la destruction?

C'est la raison pour laquelle nous sommes avec vous. C'est la raison pour laquelle nous envoyons sur Terre régulièrement des enfants explorateurs qui ont la mission d'aider l'humain à mieux prendre soin de sa Terre. Au fil des siècles, l'humain a beaucoup nui à sa Terre. Nous voulons maintenant qu'il en prenne bien soin. Si l'humain continue de la négliger et qu'il ne prend pas en considération l'alarme de détresse que sa planète lui envoie, arrivera un jour où il y aura des moments pénibles. Nous ne pouvons pas révéler certaines situations, car si nous les révélions, nous pourrions effrayer inutilement l'humain.

Par contre, nous allons vous dire ceci, cher enfant, et peut-être comprendrez-vous entre les lignes. Il y eut des cités dans des temps anciens qui se sont éteintes par elles-mêmes. De ces cités enfouies, des cités se sont rebâties.

Voulez-vous dire qu'il y a des parties qui vont disparaître et d'autres qui vont apparaître sur Terre, comme les glaciers?

Voyez-vous, cher enfant, si vous avez bien écouté ce que nous avons dit, il y a des cités qui ont disparu, comme il y a des cités qui sont réapparues. Telle est la fin de notre message.

Allons-nous réussir à faire briller à nouveau cette belle planète Terre?

Cela dépend de vous. Si l'humain travaille de concert avec notre mission, s'il a foi en nous, en Dieu, s'il prend conscience des ravages que l'Ombre peut causer, s'il est apte à s'éloigner de l'Ombre et à la vaincre, il pourrait voir cette belle planète Terre briller de nouveau. Il pourrait la voir remplie de paix, de sérénité, de respect et d'amour. Elle redeviendrait le bel héritage que Dieu vous a légué. Sachez que notre cher désir est de voir l'humain heureux et en harmonie sur Terre. Voyez-vous, quand vous venez sur Terre, il y a des sensations que vous ne pouvez avoir au Paradis. Alors, il est bien de connaître les deux mondes, c'est bien pour l'âme de l'humain.

Vous êtes-vous déjà demandé si les humains formaient la seule espèce humaine de l'Univers? Les extraterrestres existent-ils vraiment? Les prochaines questions cherchent à élucider ce mystère. Il ne tient maintenant qu'aux Anges de satisfaire notre curiosité.

Que pouvez-vous nous dire concernant l'existence d'êtres vivants sur d'autres planètes (extraterrestres)?

L'humain est très curieux! Avez-vous déjà rencontré un extraterrestre? En avez-vous déjà vu un? Y a-t-il une personne dans la pièce qui a déjà rencontré un extraterrestre? Toutefois, l'Univers est grand. Dans cet Univers, il y a de la vie un peu partout.

Les Anges aident-ils les êtres qui vivent sur d'autres planètes?

Nous vous aidons lorsque vous êtes dans la lune. Nous vous taquinons! Si nous répondons à votre question, alors nous vous disons qu'il y a d'autres êtres sur d'autres planètes et que vous devenez très curieux. Pour bien répondre à votre question, sachez que nous aidons tous les êtres que Dieu nous a légués.

Impossible d'en savoir plus lorsqu'il s'agit d'informations reliées à d'autres espèces humaines. Cela dit, si nous lisons entre les lignes, les Anges nous donnent la réponse!

Le prochain chapitre traitera de la paix et de l'amour sur Terre.

Chapitre X

Paix et amour

 es questions et les réponses suivantes démontrent l'importance pour l'humain de retrouver le chemin de la paix et du bonheur.

La paix et l'amour universels arriveront-ils sur Terre afin que nous puissions tous vivre en harmonie avec seulement l'essentiel de la vie?

C'est notre plus cher désir. Il ne tient qu'à l'humain de semer la paix, l'entraide et l'amour dans sa vie. Son bonheur se reflétera sur son prochain et ainsi de suite. Ensemble, nous parviendrons à faire de votre Terre un havre de paix où vous serez heureux de vivre.

L'humain reconnaîtra-t-il le Dieu d'amour un jour?

Plusieurs humains le reconnaissent et prient Dieu. D'ailleurs, lorsque vous nous priez, sachez que vous priez Dieu en même temps.

Respecterons-nous la vie dans l'ensemble un jour?

Pour ce faire, l'humain doit d'abord apprendre à se respecter, à respecter son âme, à respecter son corps, à respecter sa mission. Si l'humain parvient à le faire, il est évident que celui-ci respecte la vie. Nous sommes très heureux de voir que plusieurs humains y parviennent et nous sommes très fiers d'eux.

La Lumière domine-t-elle et dominera-t-elle toujours la Terre?

La Lumière domine, la Lumière crée. Elle dominera toujours la Terre, mais n'oubliez pas que l'Ombre aussi essaie de dominer. Il y a égalité. Il y a autant d'Ombre sur Terre qu'il y a de Lumière. Tant qu'il y aura égalité, la Terre survivra. Lorsque l'Ombre dominera, la Terre mourra, mais notre mission est de faire en sorte que la Lumière écrase l'Ombre et que Lumière puisse y demeurer à tout jamais.

Que pouvons-nous faire individuellement ou collectivement pour avoir un meilleur monde sans guerre?

Il suffit de demeurer dans la Lumière et de nous prier. Sachez que lorsque vous respectez votre prochain, vous éloignez la guerre. La prière et le respect sont les clés essentielles pour connaître un monde sans guerre.

Que font les Anges pour apporter la paix sur la Terre?

Plusieurs Archanges et Anges illuminent régulièrement la Terre pour éradiquer l'Ombre et anéantir tous les fléaux causés par l'Ombre. Nous travaillons constamment pour illuminer la vie des gens. Nous aidons l'humain à prendre conscience de ses actes et de ses gestes. Lorsque celui-ci est conscient, il est en mesure d'atténuer ses sentiments de destruction provoqués par l'Ombre, comme il est en mesure de s'éloigner de l'Ombre.

Le prochain chapitre apportera un grand soulagement dans le cœur de plusieurs. Nous aborderons le sujet de l'an 2012. Les Anges nous révéleront qu'il n'y aura pas de « fin » à notre monde.

Chapitre XI

An 2012

Depuis plusieurs siècles, des prophètes prédisent toutes sortes de catastrophes par rapport à la présente ère. Certaines prévisions se sont révélées justes et vraies. Plusieurs ont même abordé le sujet de la « fin du monde » en l'an 2012. Que dire des calendriers maya et aztèque qui se terminent cette même année?

Ces informations effraient les humains. Un bon nombre s'approvisionnent d'ailleurs en denrées non périssables et en eau qu'ils gardent précieusement dans leur sous-sol au cas où le désastre arriverait! D'autres se demandent si ce sera vraiment la fin. Une bombe atomique va-t-elle exploser? Quel séisme provoquera cette fin du monde? Mille et une questions sont donc en suspens, mais il n'y a aucune réponse positive pour atténuer la peur des humains en ce qui concerne cette fameuse année 2012.

La question qui suit est en rapport avec cette fameuse année 2012. Nous avons demandé aux Anges de préciser et d'approfondir les événements et les situations qui pourraient survenir et entraîner une catastrophe. **Nous leur avons aussi demandé comment les humains doivent se préparer pour survivre, si la survie est possible, à ce bouleversement. Puis, nous leur avons demandé de nous parler des trois jours de noirceur dans laquelle le monde sera plongé en 2012. Voici donc leurs réponses.**

Pourquoi vous inquiéter de l'année 2012? Pourquoi vous effrayer avec des événements qui ne sont pas fondés? Si un humain avant-gardiste décide de faire des calendriers, il s'amuse à faire un calendrier pour les années futures. Quel défi extraordinaire que cet être poursuit : voir dans le temps! En concevant des calendriers, il travaille assidûment à sa tâche. Arrive un jour où il termine son calendrier de l'année 2012, et il en est très fier puisqu'il est arrivé à planifier des calendriers pour la vie future. Avant de réaliser son calendrier de l'an 2013, il prend un peu de repos, puisqu'il est fatigué. Toutefois, sa date butoir est arrivée et nous l'accueillons dans notre demeure. Cela indique-t-il qu'il n'y aura plus de vie après 2012? Non. Cela indique qu'il n'y aura plus de calendrier fait par lui. Alors, nous venons de répondre à votre question.

Nous adorons écouter l'humain parler. Vous adorez tout ce qui est mystérieux. Vous adorez percer et comprendre les énigmes de vos ancêtres. Vos histoires sont fabuleuses, nous adorons les écouter. Cependant, certaines histoires vous dérangent. Elles vous effraient. Alors, il est important à ce moment-là de nous prier. Ainsi, nous viendrons apaiser votre peur. Nous vous guiderons vers la réalité, vers la vérité.

Cher humain que nous adorons du plus profond de notre Être illuminé, sachez qu'il n'y aura pas une fin de monde, mais qu'il y aura une fin de l'Ombre pour faire place à la Lumière. L'humain se réveille et il prend conscience du danger que peut provoquer l'Ombre. En douceur, l'humain commence à retrouver son essence spirituelle qui, avec le temps, l'aidera à retrouver une Terre équilibrée, une Terre rêvée, une Terre désirée.

Par contre, il est évident qu'il faudra plusieurs années avant que la Terre redevienne une Terre rêvée, une Terre pure, une Terre de Lumière. Malgré le fait que l'humain se dirige en douceur vers une Terre beaucoup plus saine et beaucoup plus illuminée, il n'en demeure pas moins qu'en ce moment, il y a encore beaucoup trop d'Ombre sur Terre. L'humain est beaucoup trop envahi par des sentiments d'Ombre. L'humain ne respecte plus son prochain. Il ne se respecte plus. L'humain cherche à être tout sauf lui-même. L'humain veut tout obtenir et il cherche à aller trop vite. L'humain ne prend pas le temps de regarder autour de lui la beauté que lui offre la nature. L'humain ne prend pas le temps de respirer l'odeur de la nature. L'humain ne vit pas sa vie, il cherche sa vie. L'humain ne prend plus le temps de marcher, il court continuellement. Si l'humain prenait le temps de vivre sa vie, il marcherait. Il verrait la beauté qui l'entoure, il verrait que le bonheur l'entoure, qu'il n'a pas besoin de chercher puisque le bonheur est en lui et qu'il se propage partout où il se trouve. En 2012, plusieurs en prendront conscience et plusieurs commenceront à marcher. Cela aura un impact phénoménal sur la société et sur l'humanité.

Nous trouvons parfois ironique de la part de l'humain que celui-ci nous demande un temps en surplus lorsqu'il arrive à sa date butoir : « Les Anges, donnez-nous du temps encore, un tout petit peu pour que nous puissions accomplir telle ou telle chose ». Mais nous vous avons donné tout le temps nécessaire, et même si nous vous donnons encore du temps, vous ne prendrez pas le temps de regarder ce qui se passe autour de vous.

En fait, nous voulons que les humains aient une Terre sur laquelle ils seront heureux, une Terre productive où l'amour, la paix et surtout le respect seront réunis. Mais, pour obtenir cette Terre, l'humain doit avant tout se respecter et être conscient de qui il est, conscient de la différence qu'il peut apporter à son prochain quand il vibre en Lumière et quand il explose sous l'effet de l'Ombre. De plus, l'humain doit être conscient qu'il n'a plus besoin de chercher sa vie, mais tout simplement de vivre sa vie en marchant avec le regard droit devant lui et non avec la tête tournée vers l'arrière. Si l'humain parvient à marcher droit devant, sans besoin de courir, il obtiendra exactement ce qu'il désire et il réussira bien son plan de vie.

Puisqu'il n'y aura pas de fin de monde, y aura-t-il trois jours de noirceur comme certains prophètes le prédisent?

Les trois jours de noirceur ne seront pas exactement comme les prophètes le prédisent. Cela dit, si la situation ne change pas, l'humain doit s'attendre à vivre trois jours remplis d'Ombre. À certains endroits sur Terre, l'Ombre règne en maître. C'est à ces endroits qu'il y aura beaucoup de turbulence pendant trois jours. Il y aura guerre intense, tremblement de terre, éruption volcanique. Ce sera la noirceur. Lorsque ces trois jours arriveront, nous serons là pour aider l'humain à vaincre l'Ombre.

Ces trois jours sombres feront réfléchir énormément le peuple éprouvé par ce séisme. Les gens prendront conscience qu'il faut faire quelque chose pour sauver la planète. La mentalité de ces personnes commencera à changer. Ce peuple aura soif de Lumière, et nous serons présents pour l'abreuver.

PARTIE IV

Autres questions

Chapitre XII

Animaux

Vous êtes-vous déjà demandé si les animaux voyaient les Anges? Possèdent-ils une âme comme la nôtre? Lors de notre prochaine incarnation, pourrons-nous emprunter le corps d'un animal? Voici donc les réponses des Anges à vos questions.

Nos animaux de compagnie et les autres animaux de la Terre voient-ils les Anges et ont-ils des Anges assignés à leur date de naissance?

Les animaux de compagnie voient qui nous sommes et sont capables de capter notre vibration. Lorsque nous venons à eux, ils sont enjoués, malgré le fait qu'ils vont pousser un cri pour indiquer notre présence. Les Anges Reiyiel et Omaël adorent les animaux. Notre mission, toutefois, concerne l'humain, mais il y a des Anges qui s'occupent aussi des animaux. Généralement, votre Ange personnel prendra soin de votre animal de compagnie. Sinon, il demandera l'aide de ses confrères pour que l'un d'eux s'occupe de vos animaux. Si vous préférez, vous pouvez toujours demander aux Anges Omaël et Reiyiel. Ceux-ci sauront bien vous guider lorsqu'une inquiétude viendra vous hanter au sujet de votre animal ou lorsqu'il s'agira de choisir un Ange attitré à votre animal.

Les animaux ont-ils un Ange personnel et doivent-ils franchir des étapes ou des niveaux comme les humains?

Les animaux n'ont aucune étape à franchir comme l'humain, car ils n'ont pas été faits dans la même vibration que l'humain. Toutefois, quand l'humain a jadis aimé un animal sur Terre, un animal de compagnie, l'âme de cet animal peut le suivre dans notre monde et y demeurer.

Souvent, l'Ange personnel de l'humain peut emprunter temporairement le corps de cet animal pour ressourcer son humain, pour redonner de l'énergie à son humain, mais l'animal est fait différemment de l'humain. Il n'évolue pas de la même façon que l'humain.

Un humain peut-il se réincarner en un animal de compagnie?

Que l'humain est curieux! Certains mystères doivent demeurer des mystères. Sachez que votre essence est différente de celle de l'animal. Par contre, votre âme peut emprunter temporairement le corps d'un animal pour venir saluer un humain sur Terre que vous avez jadis beaucoup aimé. Nous ne donnerons pas de détails sur ce sujet parce que cela ne pourrait pas vous aider à mieux évoluer.

Le prochain chapitre traitera de certains sujets reliés au Nouvel Âge, comme la spiritualité, la médecine énergétique et les dons.

Chapitre XIII

Spiritualité

❦

De nos jours, tout ce qui se rattache à la spiritualité du Nouvel Âge attire plusieurs personnes. L'humain se cherche et il veut trouver des réponses qui éveilleront davantage sa conscience. Est-ce bon? À vous d'en juger.

Plusieurs, lorsqu'ils liront ces lignes, diront que les présents écrits proviennent aussi de la spiritualité du Nouvel Âge. Qu'importe si cela concerne la spiritualité du Nouvel Âge ou pas. L'important est d'accomplir notre mission envers l'humanité. La mienne en tant qu'auteure du présent livre, est d'éveiller votre foi et vous aider à croire au pouvoir des Anges dans votre vie. Les Anges sont présents dans la mienne et je travaille de concert avec eux. Un jour, j'espère que vous aurez la chance de les voir et de les entendre au moins une fois dans votre vie humaine. Ils sont si merveilleux à voir et surtout agréables à entendre.

Dans le futur, je vous montrerai des photos d'Anges et d'entités. Ces Êtres sont beaucoup plus présents que vous ne le pensez. Ils adorent se prendre en photo. Alors, gardez l'œil ouvert!

Voici maintenant quelques réponses des Anges concernant la spiritualité et le Nouvel Âge.

Est-ce que tout ce qui se rattache à la spiritualité du Nouvel Âge est bon pour l'humain, comme le reiki, le traitement énergétique ou autre?

La prière est sans aucun doute la meilleure des techniques pour éveiller et illuminer votre spiritualité. Cependant, sachez que toute technique d'énergie qui est faite avec la bonté du cœur est bonne pour l'humain, et ce, autant pour celui qui donne que pour celui qui reçoit. La lumière de la personne qui nous prie régulièrement est illuminée. Le travail qu'elle fera pour son prochain illuminera sa lumière. La Lumière crée. Il y aura partage de Lumière. Plus il y aura un partage de Lumière, moins il y a aura de sentiments d'Ombre qui viendront vous envahir. N'oubliez pas que Dieu a envoyé plusieurs de ses messagers pour trouver des techniques qui auront un bienfait sur l'âme et le corps physique de l'humain. Sachez, cher humain, que l'important est le bien-être que vous recevrez lors de la technique que vous utiliserez. Si cette technique vous rend heureux et qu'elle enraye vos énergies négatives, alors continuez. Cependant, si c'est le contraire qui se produit, éloignez-vous-en!

Pouvez-vous nous parler un peu des maîtres ascensionnés?

Les maîtres que vous appelez « ascensionnés » sont tous des êtres comme ceux que vous appelez Jésus, Marie. Ce sont des guides spirituels. Ce sont des êtres qui sur Terre ont été de bons prophètes qui ont prêché la parole de Dieu et que Dieu a décorés. Dieu les a honorés. Il leur a permis de travailler avec lui, de devenir des saints, comme vous le dites. Ce sont des êtres très importants aux yeux de Dieu, car ils ont vécu humainement, ils ont bien accompli leur mission terrestre. Alors, vous demandez si vous devez prier ces êtres? Vous pouvez les prier, car ils ont une force incroyable. Ils connaissent votre douleur humaine puisqu'ils ont été humains. Vous avez eu le privilège d'en avoir dans cette incarnation, dans votre monde. Il y a eu des êtres que Dieu a décorés ou qu'il décorera lors de leur venue dans son Royaume.

Est-il possible que des êtres comme Jésus, Marie ou Marie-Madeleine descendent sur Terre à l'occasion et empruntent le corps d'un être humain pour nous rencontrer et nous envoyer un message?

Pour mieux éveiller la spiritualité des gens, les Anges et certains guides spirituels peuvent emprunter le corps d'un humain pour mieux transmettre la parole de Dieu. Lorsque vous serez en contact avec une vibration angélique, vous le saurez immédiatement puisque votre cœur réagira en sa présence. Cette émotion sublime vous sera difficile à expliquer en termes humains, mais vous vous en souviendrez longtemps!

Comment pouvons-nous reconnaître les « enfants indigo » qui sont déjà arrivés sur Terre?

L'appellation « enfants indigo » vient du vocabulaire humain. Ces enfants, nous les appelons les « explorateurs ». Ils sont curieux et ont soif de connaissances. Dans les prochaines années, la venue sur Terre de ces enfants explorateurs améliorera votre planète. Elle aidera celle-ci à mieux s'oxygéner. Plusieurs deviendront des chercheurs de renommée mondiale. Ces êtres feront toute une différence sur votre planète, s'ils sont bien encadrés dans leur entourage familial. Toutefois, ils aideront aussi l'humain à mieux développer en lui le respect.

Pourquoi certaines personnes font-elles un voyage astral sans le demander, et est-ce l'au-delà qui veut leur transmettre un message?

Certaines âmes aiment se promener. Elles ont la faculté d'aller d'un lieu à un autre. Par contre, il y a un danger à laisser votre corps sans surveillance. Il serait bon que ces êtres demandent à l'Ange Hahahel d'insérer un code d'accès que seule votre âme sera en mesure de se souvenir.

Ainsi, vous éviterez des ennuis. Lorsqu'un défunt veut vous transmettre un message, votre âme n'a pas besoin de quitter votre corps.

Comment pouvons-nous connaître ou reconnaître la divinité de notre être?

La foi que vous nous portez est la meilleure façon de reconnaître la divinité de votre être.

Plusieurs écrits vous associent à certaines pierres, par exemple le quartz rose serait rattaché à Lelahel. Que pensez-vous des pierres et de leur vibration?

Sachez, cher enfant, que c'est l'humain qui nous associe aux pierres et non nous. Cependant, l'important est l'intention que vous mettez dans la pierre. Si vous prenez une pierre en pensant qu'elle vous soulagera de vos maux, il y a de fortes chances qu'elle le fasse, surtout si cette pierre est associée à notre énergie. L'Ange que vous prierez déposera son énergie sur cette pierre en sachant qu'elle est importante à vos yeux. Il en est de même pour tous les autres objets que vous possédez et que vous nous demandez de purifier pour vous.

Pourquoi certaines personnes ont-elles des dons innés et d'autres pas?

Cela fait partie de leur plan de vie. Lorsque l'humain accomplit bien son plan de vie, il a droit à de belles récompenses angéliques et ces dons sont des récompenses angéliques. Si l'humain nous demande d'avoir une belle voix dans sa prochaine incarnation, nous la lui accorderons. Certains nous demanderont de peindre, d'autres de danser, etc.

Quelles sont les qualités et les caractéristiques qu'un humain doit posséder pour devenir un canal de Lumière?

Tout est destiné, très destiné dans la sphère spirituelle. L'humain qui nous a servi, qui a servi la Lumière, qui s'est battu pour la Lumière, aura un jour le privilège d'être notre canal. L'humain qui a complété les neuf niveaux, qui a été dans notre univers, qui a été un Ange personnel pour l'humain, peut revenir sur Terre pour être un canal. Il sera un Ange que Dieu aura créé, rempli de Lumière, à qui Dieu aura dit un jour de descendre sur Terre pour aider l'humanité. Il sera aussi le canal de Lumière.

Il faut cependant noter que l'Ange rempli de Lumière souffre, car il n'est pas habitué d'avoir un corps humain. Dieu n'envoie pas un Ange rempli de Lumière pour le simple plaisir de l'envoyer en mission. Quand Dieu décide qu'un Ange de Lumière doit emprunter un corps humain, cela veut dire que la Terre ne va pas bien, que la Terre a besoin d'une grande aide, que la Terre est arrivée à une fin. Ces Êtres de Lumière qui sont descendus sur Terre doivent faire une différence.

Nous ne pouvons donner plus de détails sur le sujet, car cela demeure secret dans notre sphère, mais sachez avant tout que pour être un canal de Lumière, il faut avoir été choisi, il faut avoir été élu. Plusieurs personnes prétendent être des canaux de Lumière, mais elles ne le sont pas. Il y en a peu. Nous en choisissons peu. Nous choisissons les meilleures personnes pour le bien de l'humanité, pour le respect de l'amour ainsi que le respect de Dieu.

Lorsque nous consultons un « tarologue » pour la lecture du tarot, les réponses à nos questions sont-elles divulguées par notre Ange gardien ou nos guides à travers les cartes?

Qu'est-ce qu'un tarologue? (Précision : « Il s'agit d'une personne qui lit les cartes ou le tarot. Est-ce que ce sont les Anges qui donnent les informations? ») *Vous savez que les Anges n'aiment pas parler de l'avenir. Nous aimons bien que l'humain vive sa vie présente. Cela dit, nous sommes conscients que l'humain a besoin de savoir, qu'il est curieux. Alors, nous lui divulguons parfois des événements reliés à son futur. Par contre, ces événements sont là pour l'aider à avancer et non pour lui nuire dans son évolution. Lorsqu'un être prie les Êtres de Lumière et qu'il se sent guidé par eux, il recevra des messages. Lorsqu'il y a des ouvertures d'esprit, des ouvertures de cœur, les Anges vous communiqueront de bons messages pour aider votre consultant à mieux diriger sa vie. Si le tarologue a une belle spiritualité et qu'il est réceptif à notre vibration, lorsque l'être qui vient le consulter lui demandera des renseignements sur son avenir, l'Ange de cette personne divulguera certains événements qui surviendront dans sa vie à l'Ange du tarologue. Ainsi, la pensée et les mots sortiront comme un canal, mais cela ne veut pas dire que tous les tarologues sont des canaux. C'est difficile pour nous de répondre adéquatement à cette question.* (Précision d'une tarologue dans la salle : « J'ai remarqué que lorsqu'une personne ne croit pas aux Anges, je n'ai pas beaucoup d'aide des Anges. ») *Sachez, chère enfant, que vous devez respecter l'être qui ne croit pas aux Anges. L'Ange qui travaille avec cet être doit aussi respecter son choix, alors il est évident qu'il n'y a pas de communication. Votre Ange personnel ne peut recevoir de messages, car il doit respecter les choix de l'être qui est devant. Ce n'est pas la même énergie. L'important, cher enfant, c'est de lire vos cartes et non point notre pensée.* (Précision d'une tarologue dans la salle : « Cela donne un plus. ») *Permettez-nous de vous dire, chère enfant, que lorsque vous faites un travail et que vous le faites avec votre cœur, car vous voulez aider la personne qui est en avant de vous, nous respectons ce travail.*

Y a-t-il une façon d'être certains que ce que nous voyons en méditation est véridique ou qu'il s'agit du fruit de notre imagination?

Les Anges viennent souvent vous visiter lors de vos méditations. Nous vous transmettons parfois des messages, une force, de la détermination pour bien accomplir vos journées. Lorsque vous voyez dans votre méditation des symboles, des visages unis et que dans votre cœur vous ressentez en même temps ce que vous voyez, cela ne fait pas partie du fruit de votre imagination. Lorsque nous nous imaginons des choses, nous le sentons, nous le savons. Vous devenez moins réceptif à ce que vous avez vu, mais lorsque vous voyez et qu'à l'intérieur de vous, c'est venu vous chercher et que vous vous remémorez certaines choses et que vous vous interrogez, alors vous avez bel et bien vécu ce que vous avez vu.

PARTIE V

Questions concernant « La Bible des Anges »

À la suite de la parution de *La Bible des Anges** et des *Anges au Quotidien**, plusieurs personnes sont venues vers moi avec toutes sortes de questions au sujet de certains passages que j'ai écrits. Pour mieux vous aider à comprendre les messages des Anges ainsi que le sens de mes écrits, je me suis permis de rassembler vos questions et de leur répondre. Voici donc les réponses à presque toutes vos questions.

Les Anges apprécient-ils la réaction de l'humain à la suite de la publication du livre *La Bible des Anges*?

Nous espérons que les humains apprécient la publication de ce livre puisqu'il parle de nous. Ce livre parle de qui nous sommes et aide les humains à mieux comprendre leur cheminement sur Terre. Nous voulons infuser dans le cœur des humains la foi, le respect, le dialogue et l'amour.

Nous voulons leur dire que nous sommes en eux et que nous sommes conçus pour travailler avec eux. Nous lançons un appel aux humains à travers ce livre. Nous voulons que l'humain puisse retrouver la voie

* Parus aux Éditions Le Dauphin Blanc

de Dieu. Quand l'humain lit les passages et que cela vibre à l'intérieur de lui, c'est sa Lumière qui vibre, et cette Lumière qui vibre le conduira sur la voie de Dieu. Si chaque Être vibre au son de la Lumière, alors il n'y aura plus de guerre sur Terre. Il y aura compréhension, respect, harmonie, mais nous sommes conscients aussi que l'Ombre existe, que l'Ombre déstabilise l'humain.

Notre mission est de dire à l'humain : « Soyez conscient des dangers que l'Ombre peut faire dans votre vie. En étant conscient, vous saurez comment vous en défaire et vous saurez comment vous en protéger. Il n'en tiendra qu'à vous de chasser l'Ombre ou d'y demeurer. »

Selon le livre *La Bible des Anges*, les Anges qui gouvernent le Chœur des Archanges sont très puissants et aspirent à devenir des Archanges. Pouvons-nous prévoir des changements dans l'organisation des niveaux et le nombre d'Archanges et d'Anges qui figurent dans ce livre?

Tous les Anges qui font partie du Chœur des Archanges aspirent à devenir des Archanges. C'est la raison pour laquelle ils font partie de ce Chœur. Nous allons expliquer cela. Tous les humains qui font partie du Chœur des Archanges possèdent un Ange personnel qui aspire à devenir un Ange et, un jour, il deviendra un Archange. Toutefois, cela n'entravera pas les niveaux puisqu'il y a beaucoup d'humains sur Terre, alors nous avons besoin de plusieurs Êtres de Lumière pour travailler en collaboration avec les humains.

Nous allons vous révéler un grand secret divin en ce qui concerne les noms des Anges puisque vous êtes très curieux. L'Ange Yeialel, qui exauce les générations, a reçu ce nom puisqu'il représente sa mission qui est reliée aux générations. Nemamiah, pour sa part, a un nom vibratoire.

Les Anges, nous les avons baptisés avec un nom vibratoire, un nom qui est relié à leur mission pour l'humain. Admettons que nous vous avons appelé Nemamiah parce que votre vie, votre mission, est de prendre soin de l'humain et que vous devez apporter à cet humain le courage, la détermination. Un jour, vous décidez d'être un Archange. Cela sera accepté. Nous vous amènerons, nous vous purifierons et nous vous donnerons le titre d'Archange et peut-être que nous vous donnerons celui de l'Archange Tsaphkiel. Il y aura un autre Ange que nous baptiserons Nemamiah. Avez-vous compris? C'est un secret divin.

Nous cherchons un exemple humain. Prenez une pomme. Vous l'avez baptisée « pomme ». Quand vous en mangez une, il n'y en a plus, mais vous en prenez une autre, et elle demeure quand même une pomme, puisque vous l'avez baptisée « pomme ».

C'est ainsi que l'Ange est baptisé. Son nom est en vibration avec sa mission, mais pas de la même façon que vous. Nous vous avons baptisé parce que vos parents aimaient le prénom, mais Dieu a baptisé ses Êtres de Lumière en les reliant, en les associant à leur mission.

Vous remarquerez que chaque Être de Lumière possède Dieu dans son prénom, comme vous possédez le nom de votre père. Comment se fait-il que vous possédiez le nom de votre père? Parce que c'est Dieu qui l'a décidé. Il y a certains enfants, maintenant, qui possèdent le nom de la mère, mais vous possédez le nom de votre créateur. Nous avons notre hiérarchie, vous avez la vôtre, et sachez que votre hiérarchie, vous la tenez de notre propre sphère.

Avec le livre *La Bible des Anges*, nous connaissons maintenant le nom de 72 Anges. Cependant, les Anges terrestres ont-ils des noms d'Anges qui ne sont pas utilisés sur Terre?

L'Ange terrestre vient sur Terre pour aider l'humain. Il utilisera un nom commun à l'humain. Si l'Ange terrestre venait sur Terre avec un prénom vibratoire, tous les humains se moqueraient de ce prénom vibratoire. Nous devons, par sécurité, camoufler le nom vibratoire par un nom que vous connaissez. Ainsi, l'Ange terrestre possède un nom qui est facile pour vous de prononcer dans votre langue à vous.

Comment se fait-il que nous puissions faire un lien entre la description d'un Ange dans *La Bible des Anges* qui n'est pas le nôtre et ce que nous croyons être?

Quand vous avez des affinités avec les Anges, c'est que ces Anges ont fait partie de vos vies passées. Ces Anges furent tellement importants à vos yeux, vous avez eu tellement de plaisir à travailler avec eux, que votre âme réagit à la lecture de sa mission.

Toutefois, il arrive parfois que certains aspects de votre plan actuel exigent l'aide de cet Ange.

Qu'est-ce que les Anges veulent apporter à l'humain avec la parution du livre *Les Anges au Quotidien*?

Par ce livre, nous voulons démontrer notre présence auprès de l'humain en lui envoyant des signes concrets. Nous essayons de trouver les meilleurs termes humains pour aider ceux-ci à comprendre l'efficacité de notre Lumière. Nous voulons donner à l'humanité tous les outils pour qu'elle puisse retrouver sa Lumière.

Voyez-vous, cher enfant, notre but est d'aider l'humain. Nous voulons aider l'humain afin qu'il puisse trouver lui-même sa vocation, son bonheur. Nous pensons que l'humain cherche trop à vivre la vie des autres, à mener la vie des autres, et pourtant il devra tôt ou tard mener sa propre vie.

Vous êtes venu sur Terre avec un plan de vie. Votre plan de vie, réalisez-le! Vous pouvez appuyer vos proches dans leur plan de vie, mais vous ne pouvez vivre leur vie.

Avec le livre Les Anges au Quotidien, *nous voulons aider l'humain à prendre conscience du rôle que nous avons, de la mission que nous avons. Nous savons que l'humain cherche à connaître qui nous sommes, à voir le signe que nous leur faisons. Alors, dorénavant vous verrez. Vous verrez que nous sommes toujours présents auprès de* vous, car nous vous ferons des signes. *Tous ceux qui prendront le temps de lire ce livre verront les signes, tous les signes.*

Ce livre guérira ceux qui ont besoin d'être guéris, soulagera ceux qui ont besoin d'être soulagés, apportera la Lumière à ceux qui ont besoin d'être éclairés, guidera les pas de ceux qui sont perdus.

Si nous nous référons au livre *Les Anges au Quotidien*, pourquoi devons-nous vous prier pendant neuf jours?

Chaque Chœur recevra votre prière. Votre demande sera récitée dans le Chœur des Anges et ainsi de suite. Puisque nous formons une équipe, tous ensemble, nous travaillerons pour le bien de votre prière.

Les humains peuvent-ils devenir un jour des Anges après être arrivés au plus haut degré de perfectionnement?

Ceux qui ont accompli avec succès toutes les étapes de l'Arbre baignent dans la Lumière divine. Ils se retrouvent donc dans un plan plus élevé et sont en contact avec tous les Anges et les Archanges de même qu'avec tous les Êtres de Lumière. Ils sont dans ce qu'on appelle la « maison de la Lumière ». Ces personnes ont le choix de retourner sur Terre en tant qu'humains ou de parfaire leurs connaissances dans les plans divins et de devenir des Anges, là où une mission leur a été assignée. Les âmes de ce plan ont la possibilité de faire des incursions dans le jardin des âmes (la maison des humains) ou encore d'aider un humain en particulier en devenant son Ange personnel ou son guide spirituel. Il est important de noter que le Chœur des Séraphins représente la dernière étape, la dernière marche à franchir. Les âmes qui s'y incarnent sont très élevées si elles travaillent dans la Lumière. Lorsqu'elles quitteront leur enveloppe physique, elles auront la possibilité de ne plus revenir sur Terre, mais de plutôt travailler dans l'énergie des Anges et d'aspirer à en devenir un.

Pourquoi les jeunes enfants de moins de cinq ans voient-ils les Anges et pourquoi ce privilège nous est-il retiré en vieillissant?

Par mesure de précaution. Lorsque vous vieillissez, la peur de l'inconnu commence à alimenter votre esprit. Puis, il est important pour l'humain d'avancer par lui-même. Par contre, si ce dernier est encore réceptif, il verra à l'occasion son Ange à ses côtés. La meilleure façon de le voir, c'est en le priant.

De quelle façon un Ange peut-il aider plusieurs personnes en même temps?

Certains se demanderont : « Comment Sandalphon, tout comme les autres Anges et Archanges d'ailleurs, peut-il voler à la rencontre de milliards de personnes? » C'est que les humains possèdent tous Sandalphon en eux, au même titre que les autres Anges et Archanges. Ils sont tous munis de ce « déclencheur », de ce « bouton » qui appelle à l'aide en cas d'urgence. Nous vous entourons alors immédiatement de notre Lumière. Comment cela est-il possible? L'âme possède une étincelle de la source divine, de Dieu. C'est ainsi que nous sommes tous reliés, branchés les uns aux autres. Il est donc inutile de « voler » à votre secours puisque nous sommes déjà en vous! Nous prenons naissance à même votre âme.

Un Ange peut-il s'incarner en humain pour vivre sur Terre?

Certains Anges ont la capacité de le faire. Ces Anges reviennent donc sur Terre en tant qu'humains afin d'aider leurs semblables et de peser sur l'évolution de l'humanité. Ils se nomment des « Anges terrestres ».

Quel est le but des Anges par rapport à l'humain et à leur mission envers nous?

Dieu a dit aux Anges : « Mes Anges, votre mission est d'aider et d'assister l'humain dans sa vie, mais vous devez avant tout respecter ses choix. » Lorsque celui-ci réclame votre aide, allez le secourir. Ouvrez-lui le chemin des solutions. Ouvrez-lui le chemin de la liberté. Ouvrez-lui le chemin du bonheur.

Pourquoi est-il si difficile de voir des Anges?

Les humains, même s'ils désirent nous voir absolument et qu'ils parlent de nous, ont aussi peur de qui nous sommes. Lorsqu'ils nous voient, leur première réaction est de penser qu'ils vont mourir. Or, si nous venons vers vous, ce n'est pas pour vous emmener.

Nous aimerions venir davantage vers vous et vous faire voir qui nous sommes, mais la plupart des humains réagissent mal à ces contacts. C'est la raison pour laquelle nous choisissons des êtres, des « canaux », qui sont en mesure de nous capter et de nous voir sans réagir négative-ment à notre présence.

Nous ne sommes pas le fruit de l'imagination des humains : nous existons vraiment. Nous venons donc en empruntant différentes formes pour ne pas vous effrayer et nous pensons que la meilleure façon de venir vers vous, c'est d'emprunter temporairement un corps humain. L'humain est alors plus réceptif. Il peut parfois arriver que vous vous demandiez pourquoi un inconnu vous regarde ainsi, ou encore d'où provient ce conseil sorti de nulle part… Vous vous retour-nez et plus rien. Parfois, hélas, l'humain trouve très suspecte l'aide qu'un « inconnu » veut lui apporter. Cela lui fait peur. Gardez l'œil ouvert, car il se peut fort bien que ce soit un Ange qui essaie de vous transmettre un message!

Pourquoi les Anges entrent-ils en communication avec nous principalement la nuit?

Vous voyez mieux et vous entendez mieux quand vous dormez, quand vous regardez avec l'âme plutôt qu'avec les yeux ouverts. Il est donc plus facile pour vous durant votre sommeil de voir qui nous sommes réellement. Et il est beaucoup plus facile pour nous de com-muniquer avec vous et de vous transmettre alors nos messages.

Est-ce un Ange qui vient nous chercher lors de notre mort, et pouvons-nous le voir quelques minutes avant notre décès?

Lorsque viendra le moment d'emmener votre âme, nous viendrons vers vous sous forme de Lumière, notre forme divine. Ce sera votre Ange personnel. Il sera accompagné de tous vos défunts. Ensemble, ils vous accompagneront dans le Royaume de Dieu.

Nous possédons maintenant un guide, *La Bible des Anges*, afin de mieux connaître les Anges et de mieux diriger nos demandes et nos vœux vers l'Ange concerné par nos besoins. Mais, advenant une erreur, notre prière serait-elle redirigée vers l'Ange approprié?

Un être humain peut demander l'aide de tous les Anges de Lumière, en plus de prier son Ange de naissance. Qu'il demande de l'aide à son Ange de naissance ou à un Ange d'un autre Chœur, cela a peu d'importance puisque la demande s'achemine tout le temps de la même façon. Une fois la demande reçue, l'Ange personnel de l'être humain s'empresse d'aller voir son Ange de naissance. Si tout fonc-tionne, son Ange de naissance pourra alors solliciter ses confrères et consœurs. Ce dernier emmagasinera leurs forces, qu'il conservera afin de les offrir à l'Ange personnel qui lui, les ramènera auprès de l'humain. Ainsi, plus souvent l'humain demande de l'aide aux autres Anges, plus son Ange personnel devient puissant puisqu'il accumule les forces des Anges de Lumière afin de pouvoir les offrir à son protégé.

Est-il possible de franchir plus d'un niveau au cours d'une vie?

Il arrive rarement que l'humain puisse franchir un ou deux niveaux de plus.

Pourquoi certains enfants naissent-ils handicapés ou malades?

Nous envoyons sur Terre des êtres différents afin que leur présence suscite un profond sentiment d'amour. Il s'agit également d'amener les gens à dire que l'amour de Dieu n'est pas exclusif, mais présent dans chaque personne, et de les amener à remercier ces êtres de déclencher cette prise de conscience. Prenez conscience du fait que tous les enfants de la Terre sont issus de la même famille de Dieu. Aimez-vous les uns les autres… Venir au monde avec un handicap physique ou mental n'est donc pas une punition divine. Ce n'en est pas une non plus pour ceux qui doivent élever ces enfants. Il s'agit d'une mission importante que vous accomplissez pour Dieu.

Le physique a de l'importance pour l'être humain vivant sur la Terre. Choisissons-nous notre corps, et cet aspect est-il important pour les Anges?

Non, cela n'est pas important pour l'Ange. L'important est que vous soyez heureux et que vous accomplissiez bien votre mission de vie.

Est-il vrai que Jésus est le fils de Dieu?

Jésus est le fils de Dieu, comme vous êtes tous les enfants de Dieu. Tout est le fils et la fille de Dieu.

Jésus de Nazareth, celui de la Bible, qui accomplissait des miracles, a-t-il existé dans la réalité terrestre?

Jésus a existé dans la réalité terrestre. Sa mission était d'aider les humains à croire à la parole de Dieu, comme certaines personnes de votre époque.

Je suis certaine que les Anges pensent à la mission de mère Teresa, du pape Jean-Paul II. Il y a aussi le frère André et plusieurs autres qui ont existé sur Terre pour prêcher la parole de Dieu.

J'espère que toutes ces réponses vous aideront à mieux connaître le monde des Anges!

Conclusion

Nous sommes tous rendus à différentes étapes dans notre vie. Donc, nécessairement, nous nous posons différentes questions. Si vous m'avez envoyé une question et qu'elle ne se retrouve pas dans ce livre, c'est qu'elle n'a pas été posée souvent. Cependant, n'allez pas croire qu'une question est meilleure qu'une autre. Au contraire! Toutes les questions que vous vous posez sont importantes puisqu'elles vous permettent d'avancer dans votre cheminement spirituel. L'objectif de ce livre, et de mes autres écrits, est de répondre aux questions d'un plus grand nombre de personnes.

Cela dit, j'espère que ce livre aura su répondre à quelques-unes de vos questions. Dans le cas contraire, vous pouvez continuer de m'en envoyer par courriel et je me ferai un plaisir d'y répondre. Cela dit, vous devrez être patient puisque j'en reçois plusieurs par semaine! Et qui sait, peut-être qu'un deuxième tome naîtra!

À bientôt, *Joane*

Autres titres de Joane Flansberry, la Messagère des Anges

La Bible des Anges

Méga succès depuis sa parution, *La Bible des Anges* est le livre de référence par excellence pour comprendre la hiérarchie angélique et découvrir la description et le rôle de chacun des Anges. Le lecteur peut facilement y identifier l'Ange qui lui est spécifique et apprendre à bénéficier de son aide, de son appui et de son inspiration. Véritable boussole sur le chemin de l'évolution spirituelle, ce livre, vendu à plus de 80,000 copies, éveillera le lecteur à la dimension angélique et à l'amour qui sommeille en chacun.

Les Anges au Quotidien

Par l'entremise de l'auteure, chacun des 72 Anges dévoile sa personnalité, son utilité, ses préférences, et leurs pouvoirs devant les situations de la vie quotidienne. Véritable bible de l'aide angélique, le livre dévoile les moyens, les prières et les rituels pour communiquer avec chacun des Anges. Que ce soit pour relever un défi ou régler un problème, ce livre, vendu déjà à plus de 40,000 copies, est l'outil tout indiqué.

Prédictions Angéliques 2011 : l'année de l'entraide

Renouvelant les ouvrages traditionnels de prévisions annuelles, *Prédictions Angéliques 2011* s'attarde sur tous les aspects de la vie pour une année précise : les finances, la chance, les relations, le travail et la santé. Avec beaucoup de détails et de conseils, les Anges offre au lecteur un outil inestimable pour bien réussir son année à venir.

RECYCLÉ
Papier fait à partir
de matériaux recyclés
FSC® C021757

Marquis imprimeur inc.

Québec, Canada
2010

Imprimé sur du papier Silva Enviro 100% postconsommation
traité sans chlore, accrédité Éco-Logo et fait à partir de biogaz.